東京大學東洋文化研究所大木文庫藏明清稀見史料匯刊

第二輯

⑤

上海古籍出版社

本册目録

各部院簽式（下）

恭進賀本、禮部進儀注、翰林院進冊文、是日俱不進刑名本。他部本如有病故、丁憂、墳塚、屍棺、倒斃、等不祥字樣、俱撤通本同。增

惟圜丘大祀齋戒期内三日不進本。其他壇廟雖親祭齋戒期内亦只不進刑本。各部本揀避應忌字樣。當祭日不進本。增

小暑後不進現審決本。大暑後不進立決本

刑部

單簽

依議

奉旨改駁本章、增

流徒以下各犯、增

不出名各官降罰等項、增

搶奪殺人之從犯充軍、

彙題軍流等犯留養、前已題過年終又彙題。雲南十五年四月十九日高本、

省軍流各犯分別援減、亦入後依議單併發條、

刑部單簽　依議

限以近五省。直隸山東、河南東省、

嘉慶十三年、內閣會同刑部、奏定章程、如有淩遲斬決速議之件、刑部另行摺奏不題本。道光三年辦過、成甫先生記。增

斬絞各犯援。。赦准免、增

穢語辱罵致張氏羞忿自盡之謝二杖流等因、

調姦未成致本婦。氏事後被人恥笑追忿自盡之。。。杖流等因、

盜犯照例發遣、或有監候待質、

情有可原之盜犯。。。發遣、易前輩云此等只照備例。九年三月初九日、予稟從犯發遣本用聽從字樣故云、

積匪滑賊。。。等發遣、

盜犯自行投首發遣、增

發遣人犯三年無過入丁冊。增、

斬絞各犯分別援宥監禁、。不准援免。增、

黎洪才傷死劉興幗、劉興潮二人、係劉興坤胞弟、劉興坤傷死黎正秀、係黎洪才之父、劉興潮傷死黎晏氏、係黎洪才小功祖母

熱審減等、增

七歲以下不加刑、。增

頂撞家長之。。。等杖責、

各毆各斃二命、死者均係有服親屬將應抵之兇手劉興坤等比例充軍、近邊

互毆各斃一命將應抵之。。。等遞減杖徒

秋審五次緩決似可減等之犯、。增

各省五次緩決不應減等之犯、二件俱係甲子年查辦十月十六日同、。增　行停止之案。乾隆十年

逃犯獲日另結。增

。犯已於另案從重歸結、增

。別案從重歸結、增

刑部單簽　依議

祝。。式同、十二年二月十六日焦克沅一本、

通本稱章詢係無級可降之員部議云有二級准抵批查梁。。云不須查所云無級可降云云乃爲吏目云云然非其人實無加級也然聲敘終未清

已死罪犯非大逆不擬戮屍、　增

投遞匿名文書、告言人罪、旋即聞拏投首之。。。減流、

棍徒行兇、致。氏自盡之柏世昌遵駁擬軍、業經病故毋庸議、

因瘋傷死。。。之。。。始終瘋迷、照例永遠鎖錮、　本內未定罪名。道光元年四月初七日票依議、

刃傷胞兄審非有心干犯之。。。絞候、　九年五月十三日文涇票、

豫省南陽府屬兇徒結夥持械傷人之從犯、劉萬有充軍、　十年五月初十日。首犯劉成功自縊、吏目張詢降抵。加等因字

朝審應行事宜、　增

刊刻朝審招冊銀兩、　增

辦理秋審板片等項、　增。以上三條亦入秋審條、

十五年七月十九日，共毆餘人監斃應絞之李洪喜杖流一本，七後誤會三法衙，未看出承辦吏自請撤去

强奪良家妻女致本婦羞忿自盡之從犯杖流、

與其夫戲謔致氏聽聞穢語羞忿自盡之杖流等因、

原毆傷輕致因風身死之 杖流 減徒、

原毆傷重非致命致因身死之杖流、

共毆案内餘犯監斃將下手應擬絞抵之准其累減等因、

姦婦畏累自盡將擅殺死姦夫罪應絞抵之減流、

越獄斬犯顔雅池業經正法毋庸議、 斬決盗犯越獄脱逃恭請王命即行正法奏准在案 九年十一月十九日、

致李氏夫婦自盡之賈心太比、例、減流 十年閏月二日

毆傷伊妻詹氏致十日外因風身死之比、例、杖流 例無明文比照尊長毆傷卑幼因風身死例、十年八月十九日

刑部单簽

依議

竹銃傷死韋弘擬斬侯死
者之父京控後仍照原擬
減徒犯中有應收留養
者是以加等因字
斬犯歸案從重後有專
條此其輕者

斬犯覃老受歸入十二年秋審辦理、九年定斬侯於十年辦理因死者之父京控遲留至十一年、遇停勾歸十二年辦○十一年十二月二日

山西遞回流犯援減杖徒等因 無貼黃、十二年二月十六日 援十一年恩旨○順天府移刑部、

彙題剑參人犯杖徒、增

單題監犯病故、如彙題票知道了、

逃人數目核覆、增

私鹽贖變銀兩各數核覆、無貼黃、

彙題贓罰銀兩、增

四川省六年分承追贓贖銀兩各數核覆、無貼黃○刑部惟此本例無貼黃○後注增、

司員請實授、亦無貼黃、

杖留留改流工言小字

例准留養

未完贓銀等項著落追賠、增

彙題無力完繳贓銀等案、

改定

本内聲明與例相符倘蒙。聖恩┃恭候。欽定内票雙簽嘉慶二十年七月初三日只票单簽依議。

湖北。年分未完贓贖等項銀兩數目核覆、十年六月二十四日

。。。。之。。。照例准留養

承祀同。或不寫准字

本内未定罪名又無如蒙。。俞允字樣

已定罪名係屬杖留等條本内又無。恩准字樣 三年七月遅恒通一本照吴廷杰小註票依議、

緩決。次人犯補請留養本内、無倘蒙。。聖恩字樣。只票依議、

因瘋殺人業經痊愈例應留養之。。准釋放等因

請留養無倘業。。聖恩字樣、。增

男子拒姦傷死姦犯。。之。。杖流、

死者年長十歲當場見証生供確鑿不然仍票絞候。本内無

請。旨定奪等字如有票照例单簽

刑部单簽

依議

犯貞發遣有出名式。

穢語村辱，致張氏羞忿自盡之周幅山杖流，照例留養等因。無僞蒙叨。本婦請旌。九年七月廿一合、

應入緩決斬犯崔發汰減軍與傷死緦服兄崔覺寬之案，部議豐田拉勸抵格一傷減軍。意覺涉輕琴山云照本。十一年八月二十二日、

限內全獲越獄罪犯之巳革長治令顧贊等准送部引。見、四年八月十二日、增

派送軍粮夫役脱逃之巳革南平令洪復煊發往軍台、二年十一月十三日。增

承緝巳未獲盜犯議處、增

即補主事照例題補、十一年十二月十六日

司貞試俸期滿請實授、本尾移咨吏部。無貼黃。十二年正月二十五日、

援減、亦入依議條、

依議速行、

朝審派御史查班、

依議冊留覽、

彙題駁審改正事件、司員交部議敘、。增

依議單併發、

各省軍流分別援減。各省補咨十年無過軍流人犯分別省釋、

彙題各省改奏為咨事件、。此本先奉上諭改奏為咨案由、。增

依議。。。著發往軍臺効力、

虧空全完情節較重、乾隆九年九月初九日劉庶一本、。增

刑部单簽

依議速行 冊留覽 单併發。發往。知道了

帶研堂

知道了、

彙題監犯病故、年終彙題。单題票依議　乾隆四十年十二月。乾隆四十六年三月初四日、十九日、

給過囚衣。刷印律例紙張、。增

彙題杖罪捐贖　乾隆四十年三月初八日、

彙題蒙古偷竊發遣、乾隆四十年六月廿二日。增

彙題每春季分議結細事、。三月一次有單不票出。乾隆三十八年三月二十日。增注

彙題隨時議結細事、隨結隨題者有黃綾。二三四件不等雖係一本照案票提幾件彙簽。增

支領户部紙張等件、。原票依議梁中堂諭改、。增

彙題發遣人犯、。增

發給囚衣動支銀兩題銷　十一年四月二十五日、。動支贓贖之項

知道了著發往黑龍江當差、軍台効力、

犯貟發遣、。增

知道了冊留覽、

彙題直省命盜等（完結案件）案數目、十六年三月二十五日進一本、

進朝審秋審冊、。秋審朝審清漢字招冊、。增

奏銷現審贓罰銀兩、有貼黃有冊、

刑部单簽

知道了發往

知道了冊单留覽。三法司知道

通本條件多

知道了單留覽、

彙題直隸等省已未獲遣犯各欵、道光五年六月○日單○○內留○六年六月十二日又進、

三法司知道、

決過重囚、監斬官具題○票某人等○增

依擬應斬著永遠（牢固）監禁、

脫逃餘丁、

依擬應斬著監候、

毆死胞兄家無次丁照許直例改擬斬候秋審時入於另冊進○呈、增

牢固
永遠双行並寫

七行

監候待質票出照例斬絞重犯方票出十年九月初九日遣犯李二援恩免罪監候待質疑應票出易云云應票依議以非重犯無請云云旨字也

監犯待質。盜犯待質

依擬應斬著監追

彭際周依擬應斬著監追

依擬應斬著監追

侵盜錢糧之彭際周書役斬候

本内稱俟限滿能否完繳再照例辦理予意以應票明再辦云云祝云云應票著監候易云云應照舊式票監追

著革職監追

雍正元年十月檔。增。原載吏部條中

虧空人犯

俱依擬應斬著監候禁餘依議

謀殺斬犯遇恩詔情重不即予減等俟監禁年後再減流。文江云舊式不用出決句。十年二月初九日

刑部单簽

監禁監候監追　待質

斬
絞犯應俟○年再行減流
發遣

易○○云本内有秋後出決句者照本票出楊○○云本内有秋後出決句亦不票出與文江説同○十年四月照

本票出〻決句、刑部回堂爭辯堂定仍用舊式○楊○○云舊式自可以我度之應用從寬免死俟○年後再行

減○簽亦妥此無成式也已載入　減條内未用也○十年六月十七日記

喻榮　依擬應絞著監候餘依議、

緩決、情實、可不照本票
出、

依擬應斬著該撫飭緝獲日辦理、

斬侯盜犯脫逃侯緝獲日分别五日內外

五日內仍照原擬斬侯

五日外即以正法、

辦理、

依擬應絞著監侯、○增

監卒賄縱重囚侯緝獲審奪、

蒙古盜竊馬匹本內聲明秋審時入於緩決。若聲明入情實、者仍票秋後處決。五十七年十月初四日、

刑部单簽

監禁監侯　侯緝獲辦理

又載入緩決條、

○○○依擬應絞著牢固監禁、

援赦之同謀共毆絞犯、○增

○○○依擬應絞著永遠監禁、

盜倉庫錢糧千兩以上三年限外不完之官犯、○增

親母因姦殺子不致絕嗣者、○有票不准援赦者、○照本○增

○○○依擬應斬著永遠監禁、○增

瘋病殺人、

原造方以藥迷人之犯、

江洋大盜情有可原、

趙文山闞氏俱依擬應絞著監候餘依議、

兄亡收嫂父母主婚、男女仍擬絞候、例

本内胞兄趙文仲負債逃走、經父母主婚。雖事犯在疊次。恩詔以前、惟倫紀攸關、不准援免、。秋審時核其情罪另行定擬。成甫。記。增

依擬應斬著入緩決永遠監禁餘依議、

為父報仇殺死。之。斬候等因、道光元年十二月初七日、

李氏依擬應絞著監候秋審時入於緩決永遠監禁曾貴依擬應絞著監候

刑部单簽　入緩決。入可矜。永遠監禁　監候

同
因擬絞候擬入可矜可見
於式總以勘本內情節為
主有定無一定也

秋後處決餘依議　道光四年四月三十日、。本內有不出秋審時三字者照票。十三年三月十三日唐王氏一本、

因姦謀殺親子。。之。氏絞候緩決永遠監禁加功之姦夫。。絞決　照本

錢氏依擬應絞著入於秋審緩決永遠監禁、

因姦致死子媳滅口、　九年四月。祝。。式記、

。。依擬應斬絞著監候秋審時入於緩決、。增

踈防越獄自首、。增

張繼成依擬應絞著監候秋審時入於可矜餘依議

擅殺死杜十之張繼成絞候、　道光三年七月。成甫。。記。增

王添成依擬應絞著監候秋審時入於緩決餘依議　本內聲明入於秋審緩決辦理

無証佐無生供十五年二月初四日高正虔一案如此

本面乃自擬此周〇〇本原票仍照常犯出絞候

本内稱應入可矜又云如有捏飾仍歸秋審辦理所以不能用単說之式

私拷嚇詐致唐有成自盡之〇〇絞候、唐係竊犯、比照誣良逼命例量減〇十年閏月初六日、

何廣瀧依擬應斬著監候秋審時入於緩決餘依議

男子拒姦謀殺死方幗安之何廣瀧斬候入緩決、十二年五月　日

賈小瞎依擬應絞著監候入於緩決、本内無秋審時字、餘依議

流犯脱逃加等改發復越獄潛逃之首犯賈小瞎絞候、十二年七月二十六日

唐〇〇依擬應絞著監候餘依議

擬罪語中無入於矜緩等字〇周前輩票時問子〻以仍票出決四字荅未悉本内有應入可矜等語也

傷死不孝有據之妻〇氏之唐〇〇絞候隨案聲請留養〇〇　原未隨請易撤改　行令查辦

易〇〇云凡擅殺戲殺〻死不順之妻等犯秋審應入矜緩者俱當隨案聲請留養其本内擬罪名語不加秋後處決字照票不可令添〇祝〇〇本同

此等有二式隨請隨准者用単說從寬免死云〻隨請查辦者只照本不出秋後處決字〇十二年八月三日記

其請養須查辦其應入矜緩則已定所以不出秋後處決四字若鬥殺等絞犯本尾常有據供親老丁単

刑部単簽　入緩決　入可矜　永遠監禁　監候

俟秋審取結辦理者則仍票出處決等四字是此等案有三式也○擅殺俟秋審查辦者本內亦出秋後處決字照票○十三年三月十三日安振有擅殺竊賊張才兒　一本

。。。依擬應絞著監候秋審時入於情實緩決餘依議、

盜竊蒙古馬匹、現用此式、情實在前、

周亞妹依擬應絞著監候秋審時入於情實餘依議、

傷死。。越獄被獲之周。。絞候入於情實、本内無秋後處決字

卜學詩依擬應斬著免其立決入於下屆情實辦理餘依議

斬犯。。援赦免其逃罪 五年四月十二日

。。著秋審時入於情實未出原犯罪名餘依議

絞犯。。越獄脱逃加等擬罪、

。。依擬應斬絞著監候秋審時入於情實、。增

刑部單簽　入情實

傷死。越獄脱逃被獲之。絞候入情實、

繼母因姦謀死前妻之子並姪二命。絞候加重入秋審情實、

依擬應斬絞著免其即行正法仍入於明年秋審情實、

絞犯部駁改擬絞決請旨即行正法。恭遇恩詔入明年情實。二十五年十二月

按同一減等或用单簽或用雙説隻説中之服制及已定斬絞候改流者固與此不同若擬流累減者則不得以原擬罪名輕重分也此亦請。。旨定奪則不得以已定未定分也其分處在照例與不聲明照例若准其字則又因聲文然隻説中限外年未及歳等本内亦聲明照例也。九年三月三十日問成甫。。荅云此二條無判然分別處以本中情節定之。又云单簽無説帖者本内有候。。定候。。命下等字無引。。例及請。。旨定奪等句

九年五月二十三日又按減等单簽大約男子拒姦年未及歳多此外則累減與免罪者

。。著照例減等杖流餘依議、　。。著照例杖流、　用減等字。增。二年五月十七日韓小一本

男子拒姦傷死姦犯、　此條亦入依議、分別在本内有無請。。旨定奪字樣下。條同、

如非死者年長十歳及生供確鑿當場見証仍票絞候

。。。著照例減等收贖餘依議、　。。依議減等收贖、。增。減等簽依議字不多見用。按此擬流累減也

有票照例減等杖流收贖者有票照例累減杖徒收贖者酌

男子拒姦斃命年未及歳、　雙説條下年未及歳條　戲殺等情

。。。著照例減等杖責餘依議、

男子拒姦命案擬流累減

。。。著照例減等杖流收贖、

男子拒姦斃命年未及歳照例收贖、　本内有請。。旨定奪字樣是以不票依議

刑部單簽　減等。收贖。寬免

此可不須单說、

王三准其累減杖徒收贖餘依議、

原毆傷輕致徐二案抽風身死之王三杖流、減徒收贖等因、

本内凡三層抽風身死擬流一也。恩詔以前減徒二也年僅十三收贖三也已定流罪故不用斐簽。恩減故不寫照例改用准其字減等二層故用累減字以有恭候。欽定句故出名不票依議。九年三月七日

著照例免其治罪

七歲命犯、

准其減等杖徒。

依議減等杖徒、男子拒姦斃命累減。俱增。按依議字大約與准其字相似或援。恩援。赦與照例不同故變文今皆用准其字

流罪減徒、

著照例枷責完結

斫人斫死胞弟、。增

莫得禮准其寬免餘依議

共毆傷死普廣之餘人莫得禮等杖罪寬免　有恭候欽定句故出名。九年七月十一日。思白擬。無可否字如有須說帖但有倘蒙句則单簽。

絞犯○○○准援免　易○○云此等援免釋放者本面可以不出案由。按簽内有出名不出名之分照本。十年閏月十六日記

刑部单簽

去補請等字後随請者寫随案聲請留養去聲明云云皆簡法

著從寬免死照例枷責准留養親餘依議、

已入秋審緩決人犯補請 非随案聲請 留養、

本内雖有倘蒙聖恩字樣不票雙簽不加説帖。亦因是不票依議。 年八月二十日甘肅且爾旦端住一案、誤擬緩決請留養加説帖

著照例枷責、 已入秋審可矜所以從寬免死句 准留養親餘依議、

已入秋審可矜人犯補請 非随本聲請 留養、

李沛著減等 二字可不用 照例枷責 流徒罪去從寬免死字樣 准留養親餘依議、

毆傷王榮因風身死之李沛杖流聲明救親情切且伊父年逾七旬家無次丁照例留養等因

毆傷謝德連致因風身死之吳庭杰杖流聲請留養 增

刑部单簽　留養　承祀同

上二條本内雖有如蒙俞允等字樣亦不票雙簽不加説帖只票照例單簽亦不票依議

未定罪名隨本聲請留養、有倘蒙恩准等字樣如無只票依議

依擬應絞著監候秋後處決孫潮元著照例枷責准留養親餘依議、

傷死之絞候其擬杖流之孫潮元照例留養　一擬一留票出不歸餘依議

著從寬免死照例減等發落准留養親、增

著照例釋放准留養親、增

監禁多年瘋病已痊查明親老之准留養、本内有倘蒙聖恩字樣十四年十一月若無倘蒙字只票依議　增

刑部单簽

職官杖徒

○○依擬杖徒餘依議、　元年十月二十一日

官犯不准免罪無可否字樣票單簽不票㕘簽係職官仍候○欽定故出名○不票依議○准免者亦出名○典史千揔等官補革皆咨　彙題　出名

○○○之典史○杖徒

傳賓元准其寬免餘依議、

已革典史○杖徒援○赦准免

聲明援○赦似應准其寬免○係職官恭候○欽定故出名○元年十一月十四日○若罪至軍流則與衆犯仝票依議

○○准其收贖餘依議、　十年七月初九日華○票

刃傷伊妻之佐領烏勒喜春減等收贖、

斬絞等本如有•失負錯擬罪名審轉遲延等由降罰者須於餘依議句前出名。十三年二月九日李荺樓票程懐罰俸一本出名。如軍流等罪名則票依議後出名。

傷而未死者本面不出名

。依擬應絞著監候秋後處決餘依議、留養俟秋審查辦歸餘依議十一年十月十六日一本誤傷人堂兄原題引例不准查辦部駁謂引例錯誤行令查辦如有捏飾仍歸明年秋審辦理如實係獨子應隨聲請亦歸餘依議。琴山定

竊贓逾貫之。絞候、如有從犯發遣歸餘字

竊盜三犯贓至五十兩以上、

行竊被追拒捕刃傷事主、

發塚見屍、

拐賣幼孩、

同謀加功傷死。

誣執犯夜互毆傷死。

聚衆毆死。等一家二命之從犯、首犯絞決如一故一鬥之首犯則斬決。絞候、

刑部单簽

絞候

謀殺死馬明恍從而加功之馬發絞候、○九年九月二十三日

誣竊出於無心拷打致死舊匪、

私押嚇逼致○○自縊死之衙役、

互毆傷死○○等之○○等、

威力制縛致死○○、

聽從主婚亂倫婚配之○氏絞候、兄收弟妻其兄已病故故罪止及○氏

尊長率領奪犯聽從下手致死差役之○○、

强姦已成、

强姦未成刃傷本婦、

因姦致本夫羞忿自盡之○氏、

因姦致本夫登時殺死○氏之○○、

姦夫自殺其夫不知情之姦婦○氏等聽從加功絞候、

姦所獲姦致本夫登時殺死○氏之姦夫○○、

調戲致○氏羞忿自盡之○○絞候等因、

盜竊蒙古馬匹三十匹以上、

傷死門殺○○之○○絞候、誤戲皆以門論

共毆傷死下手致命傷重者○○之○○、

比照聚衆搶奪興販婦女之劉文魁、此案于丁氏夫死喪服未滿改嫁郭○、劉文魁糾搶姦占原詳將劉○擬斬候為從絞候部駁不得照強搶良家婦女例改擬題覆

棠內又究出夥犯成亞蒂
搶奪逾貫亦擬絞候毋老
丁単通本聲請不准留養
部議稍例無不准留養明
文秋審時送部核辦貼黃
內卻不敘出一言殴。。成俱
絞候原擬辦易。。云秋審
辦[illegible]不敘出所以簽內全票
絞候

有票依議式載前

竊盜拒捕傷死事主徐庭佑之從犯廖阿猫絞候、九年四月二十五日

搶奪殺人之從犯毆亞林絞候等。因 首犯已故。十年十一月初二日

傷死伊妻王氏之德奎絞候、因瘋殺死到案吐供明晰仍依本律問擬。十二年七月十二日

田正良依擬應絞著監候秋後出決餘依議

誤刃傷胞兄之田正良絞候、本內原題及律載以下皆有並非逞兇干犯句予疑之然係引例文例云凡誤傷期功尊長訊非有心逞兇干犯如刃傷者絞監候然則係例本擬絞非擬絞候以並非有心逞兇句原情請。。定也直照易。。所定因瘋傷死緦麻尊屬擬斬候直用單票式票絞候與常本同。候斬絞者不叙請其有應減等者本內必自敘明矣十三年五月十九日代祝。。

誤傷胞兄成廢之徐恩用絞候。。本內引例即有非有心干犯句以後屢見。十五年二月十四日代祝

查例載下只引絞候例
凡候無復請有減等者
○十五年七月十九日記

擅殺死羅泮槳之張林台絞候

羅與張林台之母王氏通姦張林台出外未歸其父將王氏休回張回恨羅致其母子分離尋覓趁其卧病捫殺之本身有實屬激於義忿句可疑以係絞候照票○十五年四月十三日代易○○

刑部單簽　絞候

〇〇依擬應斬著監候秋後處決餘依議、

白晝搶奪刃傷事主之首犯〇

竊賊奪犯拒捕傷死事主余六斤把之張阿古、　八年十二月十五日

行竊被追拒捕傷死事主之〇〇、

強盜傷人未経得財之首犯斬候　餘犯發遣歸餘字

強姦同室無服親妻已成之〇〇

因姦拒捕傷死捕人

謀故殺死〇〇之〇〇、

擅放鳥鎗傷死〇〇之〇〇、

誣良拷打致死〇〇等二命

刑部単簽　斬候　瘋發無知傷死缌服尊長式

帶研堂

緦服與期功別斬候與斬決別是以直與因瘋殺人復審吐供明晰者同擬本罪
五月十九日誤刃傷胞兄一本原題及律載以下均有並非逞兇干犯語然係援引例文照此式直票絞候然則只宜分決與候不以期功緦麻分別也詳数條條下

謀殺人傷而未死

挾嫌傷死縣役徐升等之劉平斬候、從犯梁墜絞候聲明另案從重擬絞。八年。月

謀殺死縱姦本夫之斬候、九年五月二十六日通本案、

劉可順依擬應斬著監候秋後處決餘依議、

傷死緦麻伯母甯氏之劉可順斬候、十三年四月十一日撤十三日復進、

劉可順因瘋傷死緦麻伯母甯氏等。命本內將傷死卑幼並傷死一家二命擬絞諸罪皆除去不議專以傷死老劉甯氏係卑幼傷死有服尊長例擬斬候原題內有醫治痊愈親鄰甘結供稱委因瘋發無知等語例載以下不敘此等直照例斬候予疑應駁請應票卿議撤令添改十三日又進易。。云駁請者因瘋傷死期親等尊長擬斬決者也若因瘋因姦傷死緦麻尊長擬斬候者直應照所擬票與常本同雖有瘋發無知句敘於原題內不必疑難若查律以下亦有瘋發無知等語則刑部必自照例減等擬流矣。

因姦同此式

因瘋傷死胡四鴿等一家三命之曾洛通斬候 本內只引斬候例。有實係瘋病句可疑。以係候照票。十五年四月十三日

本内有請旨定奪句擬票雙簽易○○云殺死一家二命本内例有此句不能遵請旨票絞決单簽且本内有恭逢恩旨句庸查辦及此係立決之案等語宜票单簽無疑

○○○著即處絞餘依議　不止一人○添俱字

犯姦致伊母○氏自戕死之○○絞決、

與弟婦通姦、

傷死○○○等一家二命之張大烈、　十年九月十二日

故殺死大功服弟葉傍子等一家二命之葉烏子絞決、　十三年二月二十六日

○○○即○○○著即處絞餘依議、

在獄脱逃之絞侯○○○即○○○絞決、　本皮再酌○一人兩案前後異名須用此式○十三年三月二十五日張六門本、

刑部单簽

絞決　一人兩案前後異名　請旨定奪不票雙簽式

朔望日不進立決本、三十、十四日同、蓋此日見面之本、初一、十五日尚須覆奏故也、

護贓、護夥、被追拒捕等、由本面票出、若臨時行強、法無可宥者、直以盜犯二字包之、殺人盜犯斬梟、票法同。十年六月十七日記

○○著即處斬餘依議、斬決之犯本內有傳首犯事地方字、非明言例應梟示者、不必票梟示、仍照此式以餘字括之。記○年○月斬決簽、○○硃筆添梟示字。酌

干○犯致伊姑○氏自縊死之○氏斬決

圖姦未遂謀殺死未至十○歲幼孩之○○

同○謀○殺○死○縱○姦○本夫○○之○氏、

親○屬○相姦致○死本夫○○之○○斬決等因、

傷死○○等非一家三○命

盜犯○○斬決、

犯竊在逃○傷死捕○人○

傷死黃貴等一○家二○命係一○故一○鬬之○○○斬決、八年九月○此本內有請旨定奪字、不票出、以票著即處斬、○十年十一月記、○十二年

刑部單簽　斬決

九年九月二十八日梁○改案
○通察奚原禀窃盜拒
捕云云則似斬候案矣此
等須相質分別在○字
不止在傷人死未死也

七月十九日、楊華保、傷死蕭氏等一家二命、一故一鬥禀斬決○查、祝○記式同一謀一鬥同

傷死期親尊長有心干犯、

故殺死○之○逃逾二年 斬候 改斬決

臨時盜所拒捕傷死事主○之○斬決、

竊盜臨時行強傷死事主○之首犯○斬決 如有餘犯發遣歸餘字

○○俱着即處斬、

○○○等斬決、 增○乾隆四十五年廣東盜犯本斬決至五十六名俱照本出名

○○○着即凌斬、

因瘋刃傷伊父伊父旋復因病身死之○○○

本內有平日並無違犯的事等語○成甫先生記○增

謀殺死降服胞兄石溵沅之石占沅斬決等因、李第二加功擬絞候、

因搶奪而强姦婦女已成之○○比擬斬決、十年三月初五日○律無因搶强姦明文比照因竊盜而强姦例也

馬上飛遞云云乚不入餘依議乚

婦人斬罪有孕乚俟百日後凌遲俟一月後乚

○○○俟緝獲之日著即處斬餘依議、

斬決之犯續報脱逃、回堂定簽、

○氏著俟產後百日即行處斬、

斬犯○氏有孕、

劉奉遠著即處斬、其罪應斬決之鄭天保一犯、著俟緝獲之日另行核辦餘依議

鄭天保係首犯已擬罪名續報越獄、道光四年二月十二日○增

刑部单簽

俟斬決○正法

本及貼黃內並無斬決等字照祝記張綱即正法式

○○著交該旂即行正法

○○旂○劉○○之○○處應斬請○○旨即行正法

○○著解部即行正法

○○著交該將軍即行正法

駐藏兵丁命案

何況遠著即行正法餘依議

免死減軍斬犯盜犯自首○○○在配脫逃逾五日拏獲請○○旨即行正法

十二年閏九月初三日

劉二瘸子依擬應斬著即行正法餘依議

行竊拒捕傷死捕人問擬斬候殺乃事主八歲幼孩莊小五聲明兇惡已極請○○旨即行正法

凡女犯只寫母家姓

潘運虔孫承蛟俱著即處斬。免死盜犯中途脫逃本内稱照請旨即行正法例俱依斬決與何洸遠本無斬決字不同是以未出正法字。○十五年閏月五日

○○著即凌遲處死餘依議。末句照本。

○○○之○○凌遲處死。

○氏著俟產後一月即行凌遲處死。

凌遲犯婦○氏有孕。

○氏依擬凌遲處死即飭驗核明確如實係懷孕俟產後一月正法餘依議

凌遲犯婦查氏飭驗如實有孕俟產後一月正法。○增。○二十一年四月初五日

刑部单簽

凌遲○斬梟○斬屍○戮屍○俟一月後

盗犯盗所護贓傷人被追拒捕傷死事主者斬決臨時行強拒捕殺人出被殺者名犯擬斬決若強盗殺人擬斬梟本則不出事主名因此式。十年五月二十五日記

著即處斬梟示、示、裝點傷痕致傷母屍並謀殺死小功服伯母陳氏之黃廣倡。兩罪均應斬決故加梟示

殺人盗犯。斬梟　本内有傷首犯事地方字樣仍歸餘依議不必票梟示。惟聲敘例應梟示乃用此式票出。斬決簽。殊筆內添梟示字。酌

強姦不從殺死大功兄妻。氏之。斬梟等因、

糾竊臨時行強并輪姦。氏之李二等斬梟等因、

仍著斬屍梟示、。剉屍梟示仍著戮屍留對本票。注增

強搶婦女傷死事主罪應斬梟之。病死、

仍著戮屍、本内雖有戮屍示衆字樣不票梟示

仍著戮屍梟示、本内聲明梟示。有不用仍字式。後注增

淩遲重犯病死、十年五月二十日、鍾氏謀死本夫病死本内、稱除罪應淩遲之鍾氏病故仍令戮屍外將姦夫言斬候云云戮屍未票出歸餘依議

許錫曾著即處斬梟示、黃老六仍著戮屍梟示餘依議、

殺人盜犯一起意一已監斃

○本内稱許○○斬決黃、○○戮屍一併梟示改出兩梟示字不用一併字

刑部單簽

劉七一犯著江蘇巡撫迅速嚴審。如罪應斬。梟。應歸彼案。從重辦理。如與現擬罪名相等。即在本省處斬。餘依議。

盜犯兩案從重。罪等即決。二十三年五月。增

陳玉昌著即處斬。其罪應斬決之劉七一犯。著解交直隸省質明。如與現擬罪名相等。即在該省正法。

斬決人犯另案解審。二十三年九月初八日。增

此案罪應斬決之沈三。著俟另案解審明確。再行核辦。餘依議。五年五月二十四日。山東司。增

蔣三依擬應斬。著解交直隸省質訊。如罪名較輕。應歸此案。從重擬結。即在該省正法。餘依議。

刑部单簽

重犯歸案從重。另案解審

江蘇斬決盜犯另案應解往直隸質訊仍歸此案從重擬結審明後即

在直隸正法 道光四年三月二十一日

此案罪應斬梟之戒光著俟該督將另案之陳金鰲有無主謀賄囑之處

質訊明確將該犯即行正法餘依議

謀殺死吉豐遐等一家二命之僧戒光斬梟等因 八年十二月初二日

凡重犯兩案並發就重從一科斷前條將之係斬決盜犯罪名雖重而另案解直隸質訊尚未審明故票如輕歸重字樣此條戒光謀殺吉豐遐一家二命埋屍滅跡擬以斬梟罪已無可復加而該犯又有謀殺死秦應鵠焚屍一案經秦應鵠之子秦錫蝦控部指陳金鰲主謀奉旨江督集証質訊罪犯如實該犯應擬斬候從重科斷應從二命之案問擬而陳金鰲一犯尚須遵旨覆訊所以特為票出而於該犯即用正法字以無可加重也仍是二案從重之例。原票戒光著即處斬梟示餘依議成甫先生改定以奉旨審辦不可以餘字括之若尋常節次固可以餘字概之。此等皆無成式要在核案內酌定

此案罪應斬決之盜犯黃加三著暫行監禁俟一年期滿盜首有無拿獲再

去餘依議以有可原諸
盜也
犯

行照例辦理

本内稱法無可宥夥盜供出首犯逃匿地方限内拿獲者夥盜得免死發極邊烟瘴如不獲則先將夥盜題結云云原票照貼黄单出供出云云易。。改定。十一年五月二十六日

供出盜首之斬犯黄加三暫行監禁限滿核辦

趙氏著即凌遲處死。。依擬應斬著監候秋後出決餘依議

。。依擬應斬。。。依擬應絞俱著監候秋後處決餘依議

因姦謀殺死本夫之趙氏等分別凌遲斬候

盜犯。。等分別戮屍斬梟斬決

因姦謀死氏翁。。之。。等分別斬決絞候

斬絞決仝

竊盜拒捕傷死事主李惠之。。等分別斬絞候

此通本。此二款拒捕殺人者斬候其絞候者另因毆搶之款毆搶字宜添出

刑部单簽

重犯連名異罪

聚衆奪犯、傷死差役之等犯分別斬絞候

著即處絞斬依擬應絞斬著監候秋後處決餘依議、

一決一候、增

俱著即處斬梟示俱著即處斬依擬應絞著監候秋後處決餘依議

梟斬絞決候一案、增。乾隆三十四年、

余膺著即凌遲處死余世聰余世華余世閏余世榮俱一犯去俱字著即處斬

四川省殺死等一家非死罪四命致令絕嗣之兇犯余膺等分別凌遲斬決

犯子無論年歲大小概擬斬決、乾隆四十四年六月二十五日進、增

著即處斬仍著戮屍梟示、一斬決一戮屍式、增

吳勇智依議杖流餘依議　九卿議奏量從末減雖有可否字樣不票雙簽。道光元年十月。楊成甫先生記。增

因。傷死○○○之○○絞候改杖流　旁寫　此係九卿議奏之件。

本尾有如蒙○○俞允字樣亦不票雙簽又不便票依議且須與斬絞決改為候者不同是以不用改為字。

○○○依議改為　有改為字　應斬著監候秋後處決餘依議

傷死　不出事由　胞兄○○○之鄭導任改　不出原擬罪名　斬候　八年八月二十三日

因瘋刃傷伊父之○○改斬候　此必須著因瘋字

傷死大功服兄○○之○○斬決改斬候　此出原罪

傷死伊夫盧繼先之孔氏斬決改斬候　十二年五月十二日

刑部单簽

御門下卿議

梁二有等擬絞聲明分別實緩因僕秋審時辦理故歸餘字內易文江定、

○○○依擬應。著監候秋後處決和明著罰俸九個月蔣兆奎著於補官日罰俸六個月餘依議

錯擬罪名遵駁改正臬司巡撫議處、大員罰抵出名承審各官罰抵歸餘字若各官實降實革則出名

○○○依擬應。著監候秋後處決○○○著革職餘依議

本尾大員革職　似應單說

○○○依擬應。著監候秋後處決劉韻珂前知府任內事著罰俸○個月餘依議、十三年○月○日

梁二有王三幅俱依擬應絞著監候秋後處決額騰伊著罰俸一年、再罰俸一年、餘依議

聚衆搶奪婦女已成之從犯梁二有等絞候、九年四月十九日

刑部单簽

遵駁改正大員議處。委審遲延

據此則不須說帖。不用依議字。初二日又進此本，祝。添依議字

依議應絞著監候秋後處決餘依議

擅殺死之 絞候 通本引罪人不拒捕而擅殺律，刑部改照事後毆打至死擅殺律，因改擬故票依議，非改重，故不加說帖。十年三月初二日

著即處斬梟示餘依議

十五年三月二十六日一本，行竊拒傷死事主一家二命，原擬比照毆死一家二命擬絞立決，部改斬梟，以部語中未敘原擬未協，撤酌。二十七日問易。云直照部擬票簽，更無他式，亦不可用依議二字。於前又速議本不可撤。後數日（初二日前俱值不進決本之期）進，添原擬未協云云。此等本貼黃或不聲敘原擬，只於本尾加改依字樣，不必撤。按如罪名無二，引例未合，可以不於貼黃內詳敘。若罪名改輕改重，相懸殊者，則應於貼黃內敘明。十五年四月二十二日高。撤本，祝。今加改字不撤，乃同擬絞候而引例未協者也

刑部单簽

改擬律異罪同

道光八年四月白張氏一本照此、

雙簽

富爾松阿著革去原品頂帶、准其免罪、吉成著交部察議、

富爾松阿著革去原品頂帶、准其免罪、吉成著從寬免其察議、

盜用伊子圖記之原品休致佐領富爾松阿准免罪、失察伊父盜用圖記之現任佐領吉成可否免議請○○旨、

、雙簽○無說帖、

○○依擬應絞著監候秋後處決○氏不必旌表餘依議、

○○准其旌表、○第二簽寫、○○○不准旌表、○增、○此與不旌在前者式不同、文亦小異、○酌、

○○依擬應絞著監候秋後處決○氏著加恩旌表餘依議、

傷死○○之○絞候○氏可否○○旌表請○○旨、

、雙簽、○不用說帖、○嘉慶十九年六月二十七日、龍浩本、貼黃尾有張氏痛夫殉節可否○○旌表請○○定、○有禮部、

强姦已成○氏羞忿自盡之○○病故毋庸議本婦可否○○旌表請○○旨、

刑部雙簽

富泳阿本姓張、富忠
阿本姓馬、
陳氏之夫富忠阿係常
六兒義叔、以凡論該管
官失察、
本皮未看應寫明請
旨

常六兒依擬應斬著監候秋後處決所有富泳阿等領過錢粮仍行著追該
旂失察各官照例議處餘依議、

常六兒依擬應斬著監候秋後處決所有富泳阿等領過錢粮免其著追該
旂失察各官免其議處餘依議、

謀殺死陳氏之常六兒斬候等因、
十三年七月十二日覆鷺門本、〇十五日下旨意將兩簽互閱
錢粮著追處分寬免、〇另進〇呈、

〇〇等應追贓銀准其豁免、

此條於嘉慶二十年改〇定〇用依議單簽〇道光九年七月初三日一本
票依議、

〇〇等應追贓銀不准豁免、〇增

〇〇准其援減、

〇〇不准援減、〇增

〇〇准其收贖、

〇〇不准收贖、〇增、

果明阿等既経犯親呈懇情願領回侍養著原情准其減等折枷餘依議単併發、

果明阿等不准減等折枷餘依議単併發、

刑部雙簽

單簽說帖

周仕潮依擬應絞、著監候秋後處決、知縣盛堂、先出名以便出部議輕聽一面之詞、輒將無

辜杖斃、単叏處分、至降革簽俱出事由、著照部議革職、署知縣張熙賡、於易結之事、不即集訊、

致釀命案、著照部議降二級、餘依議、

主唆誣告、致○○○拷禁身死之周仕潮絞候等因、有附叅、

說帖 查本内議以革職、不出事由互見之○○縣知縣盛堂、議以補官與簽互見、降二級用之

前署○○縣知縣張熙賡、俱事關人命情節較重、是以臣等不票雙簽、理

合聲明謹○奏○

李維清准其寬免、其失察典史擅受濫刑釀命匿不詳叅之朱光照官不出著

刑部単簽說帖 附叅降革 刑部本尾 吏部夹片

照部議革職餘依議。原入[illegible]単簽。

典史杖徒准免係職官仍候。欽定故出名准免知縣朱光照失察典史擅

受濫刑釀命部議革職

此無成式

不斷之斷不駁之駁
九月初五日奉上諭昨刑部題覆安山繖回民李大本等因與郭六爭賣私鹽互相糾毆内馬六一犯鎗傷劉太和身死與郭六謀將致斃各屍身棄入水中馬六起意將劉太和頭顱四肢割落剖取腸臓併置水中情節極為殘忍該省以該犯於毆殺後欲求避罪割屍棄置原無支解之心仍照毆殺本例定擬絞候刑部並未詳覈亦即照議具題朕詳閱案

馬六依擬應絞著監候秋後處決餘依議　道光八年九月初三日進

説帖　查本内馬六鎗傷劉太和身死欲將屍身棄水中因劉太和身有疤點恐屍浮起被屍屬認明控究起意將屍首四肢割落剖腹取臟一併拋入水中刑部將馬六問擬絞候照例請旨定奪臣等詳核案由情節實屬殘忍惟該犯係於毆殺人後欲求避罪割屍棄置原無支解之心是以照擬票簽進呈理合聲明伏候欽定

增

刑部单簽説帖

擬重請旨

情引例殊未允協當命軍
机大臣交該部詳查成案
據覆並無成案可稽試思
馮六等一造殺死屍軀共有
五具同時棄置水中何以止
將劉太和支解若以劉太和
週身俱有疤點恐屍浮起
被屍屬認明控究則支解
之殘屍頭顱豈無疤點可
認其餘四屍又何以不慮其
浮起被人認明此所謂其原
無支解之心仍係本例治罪豈
得情法之平即使有成案可
循尚須衡情酌改況據該
部檢查從無似此成案何
得率行題覆著將原題發
交刑部悉心酌覈另行妥
議條例奏明更正再降諭
旨欽此
奏請更正請○○旨即行正
法另有○○上諭

此涉複叉赦字須酌用、

陳北複准其減等援赦免罪餘依議、

救親情切擬絞減流兩請事犯在○○恩詔以前仍准免罪单簽、補

○○著減等杖流仍准免罪、

説帖
查本内馬士瀊因馬如清將伊父馬鳴得按倒拳毆該犯聽聞赶視、情急即用小刀嚇戳致傷馬如清殞命、刑部將馬士瀊問擬絞候、聲明救父情切減流請○○旨並查該犯事犯在道光九年九月二十五日○○恩詔以前所得流罪應予援免、臣等核其情節實係事在危急情切救護罪應減等杖流、事在○○赦前應予免罪、是以祇票減流仍准免

刑部单簽説帖　救親傷死人命絞犯減流援赦免罪

童〻云鬥毆傷命常犯
絞者遇恩俱減流豈救護
反不減等應票单簽易〻
云減後有罪者應仍票双
簽其免罪者可单簽。援
恩累減並可单簽

罪一簽、理合聲明謹。奏、補、

○○著從寬免死累減杖責餘依議、

曾富有傷死李全畛、擬絞、聲明救父情切減流、遇八年恩詔、十一年恩旨、

累減杖責、　說帖照馮士滄案、

傷死徐士浩之郭克欽、絞候、聲明救父情切累減杖徒、請○○旨　單簽仍於本皮出請旨字

說帖　查本內郭克欽因伊父郭九宗、被徐士浩搭住咽喉、推抵墻上、郭九宗喊

救、該犯赶攏拉勸、徐士浩仍不放手、舉拳歐毆該犯見伊父面紅氣喘、

恐被毆傷、情急用刀嚇戳、適傷徐士浩殞命、刑部將郭克欽問擬

祝○○添出照例字○無將近日单簽式畧改用之祝○○又云常犯累減可以单簽若服制仍應雙請

九年十月○日粟子孫違犯教令審無觸迕情節一本只照擬票簽未加説帖○又九年十一月○日通本中有聲明違犯教令請○○旨定奪者則又應有雙簽式也

絞候、聲明救父情切、照例減流、累減杖徒、請○○旨、臣等核其情節、實係事在危急、情切救護、與聲請減等之例相符、且事在恩旨以前、是以祇票累減杖徒一簽、進○呈、理合聲明、謹○奏、十二年二月初九日、

子孫違犯教令致其父母祖父母自盡者加説帖聲明

説帖　查本内張興太將應給伊繼母邢氏之麥私糶償欠、致邢氏氣忿、跳河自死、案、臣等細核情節、雖與杜梅兆之遊蕩偷竊不同、但伊母之死、究係該犯不遵教令所致、是以臣等遵○○旨照擬票簽外、謹録原奉○○諭旨、隨本進○呈、理合聲明、謹○奏、

抄於上格

刑部单簽説帖

違犯教令致親自盡　傷死不孝之妻

涂司字　三行上字第二行

嘉慶四年二月十一日、奉○○旨三法具題湖南省杜梅兆、偷窃伊母黄氏花錢致伊母自盡一案、依違犯教令例擬以絞候、固屬按律辦理、今細核案情、杜梅兆素係遊蕩、不服其母管教、將分得田畝賣盡負債無償、經伊母將賸田轉賣、代為完欠、杜梅兆復忍於竊取、以致伊母抱忿投繯、即無觸迕情節、亦不得齒於人類、杜梅兆著即處絞、嗣後遇有此等案件、法司衙門仍按例定擬具題、內閣仍照擬票簽、即將此案加具說帖、隨本聲明、候朕核奪。欽此

○○准其累減援免釋放、　十三年五月二十四日本。以本内欽○●恩旨年分互異、撤說帖、草存大概、用時須酌、

救母情切、傷死不孝之妻○氏減流、累減杖徒、援免釋放、請○○旨、

說帖　查本内○○因伊妻○氏將伊母○氏○○○○○○該犯○○○○將○氏○○身死、刑部將○○○問擬絞候、聲明救母情切、減流、又係傷死不孝有據之妻、減徒、又查事在○年○月○○恩旨以前、援免釋放、是以臣等只票累減釋放一簽進○呈、理合聲明、謹○奏、

次日又進牛○○酌票准其再減一等、援赦免罪、似不如此所擬較妥、以赦字未愜也。○六月初七日、

〻依議改爲杖流餘依議、嘉慶五年、

因姦傷死胞兄〻之〻斬決聲明王仲貴新例改流雖有如蒙〻俞允字不票送簽因係斬決不票依議加說帖

刑部單簽說帖

王仲貴新例　請〻旨通行事例　蒙古搶奪　擬軍

此等本已後如誤列三法司銜。撤。十五年七月十九日記、

依議、

共毆案內下手傷重者、監斃糾毆絞犯。減流累減免罪

說帖　查本內、共毆傷死。之萬添祥、律應擬絞、因助毆傷重致死之勾如才業經監斃、刑部照例將該犯減等杖流再援恩旨累減免罪、並請嗣後此等案犯、一體准其援詔減等、恭候命下、行知各省等因、臣等查係請旨通行事例、是以票依議簽進。呈理合聲明謹奏、

蒙古搶奪賊犯額勒格岱擬軍候定

說帖　查本內、蒙古賊犯額勒格岱、搶奪拒傷事主一案、該都統比照強刦問擬斬決、聲明拒捕僅止一人、木棍並非兇器、與擬軍之例相符、等因具

通部俱擬軍、只以候
定加帖

刑部单簽説帖

題、刑部以蒙古並無搶奪傷人明文、人少而無兇器之搶奪人犯、與人多而
有兇器之搶刼盜犯、一律同科、實無以示區别、應仿刑例、擬軍、恭候。欽定
臣等核其情節、該犯用木棍一人搶奪、與搶奪傷人、傷非金刃、傷輕平復、
首犯、擬軍之例、相符、查係刑部、參用刑律辦理之案、是以票擬依議簽進
。呈、理合聲明謹。奏、。增

緩決〇乃情實〇緩決又有
應入緩決可矜者詳後
帖中

原票既擬〇自應云云

叙詳議畧

旦爾旦端住著從寬免死照例枷責准留養親餘依議、

緩決絞犯〇〇聲明親老丁單留養請〇〇旨、（有窩隨案聲請留養者）八年八月二十日〇楊〇〇屬加說帖〇與照例單簽酌、

說帖　查本内、旦爾旦端住、與馬金保拾石互毆誤傷洛隴卜身死、刑部將旦爾旦端住問擬絞候照例聲請留養、臣等核其情節、該犯緩決一次例准留養犯父年逾七旬、家無以次成丁、與聲請之例相符是以祇票留養一簽、進〇呈理合聲明謹〇奏、

凡隨案聲請留養如本内已定罪名者单簽說帖

說帖　查本内、馬大鳴因與王篤爭毆誤摃金子昂落河淹斃、刑部將馬大鳴問擬絞候聲明該犯之母年逾七十、家無次丁、照例聲請留養、臣等核、與

刑部单簽說帖

緩決絞犯應入秋審緩決可矜人犯請留養　承祀同

此等本皮俱出事由出罪名
原情留養
如已入秋審可矜則只用单
簽。後原情
先原情用既據援請留
養

歴辦成案相符是以祇票留養一簽進。呈理合聲明謹。奏

說帖
查本内賈世薫因捉姦擅殺姦婦堂嫂。氏刑部將賈世薫問擬絞候照例聲請留養臣等核其情節該犯承祀兩門嗣母賀氏守節已逾二十年且擅殺情輕秋審時應入可矜與隨本聲請之例相符是以祇票留養一簽進。呈理合聲明謹。奏

說帖
查本内王喜小子因捉姦毆傷泰貴身死刑部將王喜小子問擬絞候聲請留養臣等核其情節該犯激於義忿擅殺情輕秋審時應入可矜既據刑部聲明該犯父母俱年逾七十家無次丁與隨本聲請之例相符是以祇票留養一簽進。呈理合聲明謹。奏

先原情後請養

原情留養

原用前係賈世薰式，將親老丁单説在前，擅殺情輕説在後，易〇〇改換。此等可看本内叙次，以留養在後為是，留養是此本所重為主也。

説帖　查本内李志剛因王林與伊母王氏争吵揪扭，該犯恐母受虧，情急向王林摙撞，致王林跌傷斃命。刑部將李志剛問擬絞候，聲明救母情切，且係孀婦獨子，例得留養。請〇旨。臣等核與隨案聲請之例相符，是以祇票留養一簽進〇呈。理合聲明。謹〇奏。

説帖　查本内張中因王兩全調戲伊妻王氏，該犯氣忿（易〇〇改）將王兩全毆傷致死。刑部將張中問擬絞候，照例聲請留養。臣等核其情節，擅殺情輕，秋審時應擬可矜（照本用擬字，易〇〇改為入字）。既據該撫（易〇〇改，似應用刑部字，或渾説只云聲明）聲明該犯親老丁單，與隨案聲請之例相符，是以祇票留養一簽進〇呈。理合聲明。謹〇奏。十年六月初三日。

刑部單簽説帖

此帖簡明

刑部单簽説帖

應入矜緩人犯請留養

説帖

查本内侯義誤扎邢氏身死，刑部將侯義問擬絞候，聲請留養，臣等查

原情、請養二層、中間或用說據或用出字、

絞簡

議簡

侯義、誤傷殺情輕、秋審緩決一次例得減等既據聲明該犯之母曾氏守節已

逾二十年、家無次丁、與隨案聲請之例相符、是祇票留養一簽進。呈、理合

聲明、謹。奏　道光二年七月十日、

說帖　查本内郭庭廣、毆傷伊妻許氏身死、刑部將郭庭廣問擬絞候、聲請留

養、臣等核其情節、該犯毆死不順之妻、秋審時應入可矜、既據聲明該犯

之父郭大湘、現年七十一歲、家無次丁、與隨案聲請之例相符、是以祇票留

養一簽進。呈理合聲明、謹。奏　八年二月十七日、

王濟馨著從寬免死照例枷責准留承祀、

故殺伊妻孫氏之王濟馨絞候、聲明死者不孝、情有可矜、承祀請。。旨

既無父母則不孝須加
指清忿字非可原之情
故殺罪重帖須再况

說帖

查本内王濟磬故殺伊妻孫氏刑部将王濟磬問擬絞候聲請承祀臣等核
其情節死係淫悪不孝持刀自刎之妻該犯一時忿激乘勢抹斃秋審時
應入可矜既據查明嗣父母俱故所後之家無可另繼之人與隨案聲請
之例相符是以祇票承祀一簽進呈理合聲明謹奏

三年六月廿五日

刑部单簽説帖

說帖未見

本面再酌

。依議

子孫被殺祖父母父母受賄私和杖責、

說帖。刑部議照向例勿論贓銀多寡均杖一百完結并請纂入例冊通行各省。四年七月初二日山西李大湧一本。单簽說帖、

杜文傑依議應絞著監候秋後處決餘依議、

傷死賈得在之杜文傑絞候該督聲明救護情切部議按例定擬、

說帖 查本內杜文傑之父杜思倫先被賈得在揪辮扭按該犯用鋤毆傷其左胎肋等處賈得在釋手與該犯互毆杜思倫往前拉勸賈得在砍傷杜思倫倒地該犯情急毆傷其左肋殞命據該督常明將該犯問擬絞候聲明救護情切刑部核與減等之例不符請毋庸議 臣等查該犯先將賈得

刑部單簽說帖

屍親賄和。毋庸議。

改擬

伊父拉勸固由互毆而該犯互毆實由救護情節再訊

此明了

在毆傷、迨後左肋一傷雖有救護急情、而伊父之解勸實由該犯與賈得在互
毆所致、並非事、在危、急是以照刑部所擬、不票、雙簽、理合聲明謹。奏。增
疊傷致死胞兄阮興才之阮勝才斬決、聲明並非有心干犯、部議按律定擬、
說帖 查本内、阮勝才戳傷胞兄阮興才身死一案、前經刑部駁令該撫確訊妥
議具題、茲該撫以阮勝才、究非逞兇疊戳、仍照原擬斬決、聲明並非有心
干犯題覆、刑部議以該犯執刀爭奪戳劃至三傷之多不得謂始終均屬
無心且左臁肋深至骨損、右乳深至透内、均係極重之傷未便再行往駁、
致蔑倫兇狠之徒久稽顯戮並援引本年四月初二日。諭旨、將該犯即按
律問擬斬決、所有該撫聲明並非有心干犯之處、毋庸議臣等核其情

第四五六行

改擬所以加說帖。又有通本未錯擬罪名而者則不加說帖而簽上票依議應。。云云

節、該犯持刀爭奪、傷多且重是以祇票斬決一籤進。呈理合聲明謹。奏 九年

三月二十日

疑賊致傷馬正身死之詹清減流援。赦遞減杖徒部議按律改擬

說帖 查本內詹清疑賊將馬正扎傷致死該撫援引秦連沅之案比擬將詹清

減流援。赦減徒刑部議以兇手雖事出有因、而死者實係無辜平民未便

竟無抵命之人歷來俱照鬭殺定擬曾經駁正有案改擬絞監候臣等查

係刑部按律酌改之案與駁審不同是以照改擬票籤進。呈理合聲明謹。

奏、

刑部单簽說帖

雙簽說帖

沈開如著即凌遲處死餘依議、

九卿定議具奏、

聽從母命下手勒死胞兄○○之○○凌遲處死聲明迫於母命請○○旨、

說帖　查本內沈開如因胞兄沈開萬屢次迕逆、並將其母金氏詈罵推跌金氏氣忿、喝令將沈開萬勒斃、該犯哭泣求饒金氏不依、並欲自尋短見該犯被逼無奈用繩帮同拉勒沈開萬殞命、刑部將沈開如問擬凌遲處死、聲明迫於母命照例夾簽請○○旨、臣等核其情節、死者本屬罪犯應死聽從母命勉強下手與無故逞兇干犯者有間、是以照擬票簽外添寫

刑部雙簽說帖

卿議　服制重犯　迫於母命

紫研堂

罪人句出脫該犯既據句又見部擬涉輕

九卿定議具奏僉進。呈、伏候。欽定、

謝正得著即處斬餘依議、

九卿定議具奏、

聽從胞兄威嚇傷死胞兄〇〇〇之〇〇斬決聲明請〇〇旨 十二年四月二十二日、

謝正得之長兄謝正瑤、被弟謝正南騎壓毆打、喝令該犯動手、致傷謝正南殞命、奏僉。聽從兄命與聽從父母之命不同、即改斬候、似覺太輕、故票卿議說帖內添寓死係罪人、又添既據刑部云云皆部議所無也。吴〇〇看、祝〇〇改定、

帶及親老丁單

余成富著即處斬餘依議、

九卿定議具奏、

傷死小功服兄之余成富斬決聲明救父情切夾簽請旨、

説帖 查本内余成富因見伊父余後溪被小功服兄余成煥騎壓身上手搯咽喉面色改變該犯情急取棒嚇毆致傷余成煥殞命刑部將余成富問擬斬決聲明並非有心干犯並親老丁單（此預爲另案請留養作根。卿議亦先改罪聲明緩決後再請留養非隨案並請也）夾簽請旨、臣等核其情節實屬事在危急毆由救父且犯父年逾七十家無次丁情殊可憫是以照擬票簽外添寫九卿定議具奏簽進呈、

因瘋因姦傷死期親尊長者添票卿議雙簽。增。按此照舊式增入然如此條便非期親又非因瘋因姦、按總於情罪輕重酌量罪重而情稍輕改候情罪俱涉疑難下卿議

卿議 服制罪犯改親情切

刑部雙簽説帖

九年四月　日閩文江傳楊。。語云、凡斬絞決之犯、可原情量減者、若於原情外、並帶敘親老丁单、須下部議覈、票改候、以票改候、則後來難辦留養也。九年十月十三日、又面問楊。。荅云、因瘋、因姦、情可憫、親老丁单、亦。。皇仁所急恤、所以票部議、亦不專為後辦留養地也、又云、部議亦同改候、但必須部議、以昭慎重、如覆奏同例意也、改候後、緩決三次、乃能請留養、再詳、

改候後、亦可請留養、此須酌。十年四月二十二日記、

十五年五月二十一日、陸斯千護父傷死胞兄陸斯義、斬決、聲明非無故干犯、並稱親老丁单、本十九日進、樓以簽內請留養本身、貼黃、俱未敘及、撤、二十一日、添敘又進、照此票、其夾簽內有定例傷死期功尊長不准請留養句、祇。。於說帖內添出、更明亮、

十三年二月九日、華○○票、趙步偈姦所獲姦殺死緦服叔趙林本內先出斬候聲明照例量減杖流已定減等罪名與此不同莫誤

罪犯太重出語三層

袁敬悰著即處斬餘依議、

强姦和成傷死功服兄之本有票改斬候式。祝○○式○十五年九月十九日一本先票改候改票卿議以兩條內俱有舊式也

九卿定議具奏、

傷死胞叔○○之袁敬悰斬決聲明情可矜憫、夾簽請○○旨、

說帖

查本內袁敬悰因胞叔袁興帮曾欲强姦伊嫂被伊父袁興潮詈其亂倫、袁興帮拔刀割斷袁興潮脚筋成廢、該犯聲言告究袁興帮舉脚向踢、該犯情急順拾柴塊抵格致傷袁興帮、越三十八日殞命、刑部將袁敬悰問擬斬決聲明實可矜憫夾簽請○○旨、臣等核其情節、死者淫兇蔑倫罪犯應死傷由抵格死近四旬與聲請之例相符是以照擬票簽外添寫九卿定議具奏簽進○呈伏候○○欽定、

刑部雙簽說帖　卿議　服制重犯死者蔑倫

此等本面應添因姦字

姦占情節再應析敘

傷死小功堂叔賈○○之賈文斌斬決聲明與無故逞兇者有間夾簽請○○旨、

說帖 查本内賈文斌因小功堂叔賈俊姦占伊妻袁氏該犯往喚反被賈俊用鎗趕戳該犯情急順拔佩刀抵禦適傷賈俊殞命刑部將賈文斌問擬斬決聲明與無故逞兇干犯者有間夾簽請○○旨、臣等核其情節死者姦占姪婦本屬亂倫罪人該犯殺由義忿與聲請之例相符是以照擬票簽外、添寫九卿定議具奏簽進○呈伏候○○欽定、

因姦傷死亂倫之大功堂兄○○之○○斬決聲明激於義忿夾簽請○○旨、

說帖 查本内李茂模撞獲大功堂兄李茂樹與伊妻卯氏通姦該犯將卯氏登時殺死持刀趕至李茂樹家戳傷李茂樹殞命、

上第三行文斌二字直寫　又上第九行戮改戳

閣議不及親老丁单

另案再議

梁〻語、乃因論二月十三日拒姦傷功服叔一案、語度之、非面示也。案載後減等條、

説帖　查本内、鄭允開因大功堂兄鄭順將伊胞兄鄭允復之妻陶氏抱住強姦、該犯聞喊趕視、用木棍毆傷鄭順殞命、刑部

説帖　查本内、裴文相因大功堂兄裴文煥、與伊妻李氏姦宿、該犯邀同劉元等捕捉、共毆裴文煥殞命、刑部將裴文相問擬斬決、聲明激於義忿、且係親老丁单、預為另案作根、夾簽請〇〇旨、臣等核其情節、死者亂倫傷化、該犯姦所獲姦、殺在登時、實與無故逞兇者有間、是以照擬票簽外、添寫九卿定議具奏簽、進〇呈伏候〇〇欽定、

楊〇〇云卿議簽多因姦因瘋、〇又云拒姦與因姦字不同、〇石〇〇云罪名相懸者、下卿議、〇梁〇〇云罪重而部未雙擬者、下卿議、〇按刑部本章、俱較量情罪、求允當也、卿議簽成式、不止因姦因瘋減等條、豈非罪名相懸改候簽、豈非部未雙擬

刑部雙簽説帖

說帖

查本内左幗常見緦麻服兄左幗士與伊胞弟之妻行姦、即用斧在姦所砍傷左幗士殞命、。。激於義忿、。。。。增、

仝一服制可矜而情節各別

楊和尚著即處斬餘依議、

九卿定議具奏、

傷死犯姦（先出事由、則可省聲明句、）之小功堂姊、之楊和尚斬決請旨、

説帖　査本内楊和尚、因伊父楊世招、不令犯姦之小功堂姊楊氏獨住、以便管束、楊氏向伊父撞頭拚命、該犯拉勸、楊氏持械向毆、該犯情急、順拔小刀嚇扎、適傷楊氏（以理起衅、敍傷每畧）殞命、刑部將楊和尚問擬斬決、聲明並非逞兇干犯、（單用並非情輕也）夾簽請旨、臣等核其情節、楊氏犯姦、犯尊、該犯阻姦拉勸、被毆嚇扎適傷致斃、其情實可矜憫、是以照擬票簽外、添寫九卿定議具奏簽進呈、伏候欽定、

刑部雙簽説帖

卿議（服制罪犯阻姦適斃）

此處議罪帶敘須講
所以前渾敘從略

梅芝受著即處斬、梅杜様依擬應絞、著監候秋後處決、餘依議、

梅杜様依擬應絞、著監候秋後處決、梅芝受一犯著九卿定議具奏、

誤信誣姦帮同謀殺小功堂兄梅幗翰之梅芝受斬決聲明情有可原請。。旨

説帖　查本内梅芝受因誤信胞兄梅杜様設計煽惑哄誘殺姦帮同致死小功堂兄梅幗翰一案、（渾敘者用一案字、）刑部將梅芝受照謀殺律問擬斬決聲明情有可原請。。旨定奪、臣等核其情節、該犯聽從致死梅幗翰之時、初不知伊兄挾讐陷害且是夜適有梅幗翰過門問訽之事愈信姦情屬實一時氣忿將梅幗翰戳傷在該犯實止知為殺姦與尋常謀殺尊長者迥別其情不無可原是以照擬票簽外、添寫九卿定議（具奏）簽進。呈伏候。。欽

刑部雙簽説帖

御議　服制罪案。誤信誣姦一犯原情

定、

傷死父母翁姑、有心干犯凌遲單簽、誤傷非致死斬決雙請。凌遲係因案附抄於此

無夾簽、無請旨字樣本用具題字。傷父母案例不夾簽。未確後斬決改候條內、誤傷伊母致死則夾簽

周氏著即凌遲處死、李青林著即處斬、餘依議、

周氏著即凌遲處死、李青林一犯、著九卿定議具奏、第二著字可去、十年閏月二十七日記 上一枝第二著字應用、

傷死伊翁李芳尉之周氏凌遲等因 增

說帖 查本內、李青林誤傷伊父李芳尉、應有身死二字、該撫將李青林問擬斬決、並聲明因救護毆妻誤傷伊父詰非有心干犯具題刑部予傷父母例無夾簽聲請明文、臣等核其情節、該犯因見伊妻周氏與伊父奪刀上前救護、用挑水扁担向伊妻毆打、致誤傷伊父左肋、伊父之死由周氏持刀劃傷大指等處潰爛殞命、應用所致字、並非死於此傷、該犯因救護毆妻、誤傷伊父實非思慮所及、除周氏一犯照例票擬凌遲、其李青林一犯、照擬票簽

刑部雙簽說帖

卿議 服制重案 誤傷父母翁姑平復。病斃。非致死

誤傷父母、
傷輕病斃、
斬決雙簽

外、添寫。。

周三兒著即處斬餘依議、增

九卿定議具奏、

誤傷母命死由於病聲明並非有心干犯夾簽請。。旨、

誤傷與過失殺相近相懸辨在耳目不及云云、

說帖 查嘉慶十三年三月初七日刑部具題張容德誤傷伊父張遂隆身死將張容德問擬凌遲一本又十九年九月十三日刑部具題李青林誤傷伊父

誤傷擬凌遲再詳、

李芳蔚將李青林問擬斬決一本俱票擬雙簽奉。。旨勅下九卿定議具奏在案今此本內周三兒因伊妻炊爨將鍋燒裂順拾柳條向毆其母張氏向前遮護該犯縮手不及致誤傷其母左腮頰癭袋、張氏旋因失跌病發

渾說留下地

無請旨句。
引白鵬雀案者，添御議簽，引樊魁案，添斬候簽式在斬候條。十三年九月二十一日記

誤傷翁姑，傷輕病斃，斬決，雙請

殞命刑部將周三兒援照十八年三月內山西省審奏白鵬鶴，欽奉。諭
旨一案，比照問擬斬決，聲明並非有心干犯，臣等核其情節，該犯之母
張氏素有哮喘病症，被傷後飲食行動如常，並未嚷稱疼痛，嗣因失跌
病發致斃，實係死由於病，較白鵬鶴之母死由於傷者，似屬更輕，是以照
擬票簽外，添寫九卿定議具奏簽進。呈伏候。欽定。增
誤傷伊翁死由於病，並非有心干犯之呂氏斬決，請。旨
說帖 查向來有關服制罪犯，而情節實可矜憫者，臣等聲明具奏，節奉。恩
旨，量為寬減，欽遵在案。今此本內呂氏因伊翁朱化久扭毆圖脫後，掙致
朱化久失跌墊傷右胷等處，傷甚輕微，飲食行動如常，嗣因赴田中暑

刑部雙簽說帖

卿議 服制重案 誤傷父母翁姑平復。病斃。非致死

聲明、問擬、倒換說、不用
請○旨字樣、

誤傷父母平復、斬決變
請、○誤傷父母、翁姑、病
斃平復、第一簽俱擬斬
決、誤傷、而致死他人另
傷致死者仝、

病故、刑部聲明該犯實非有心干犯、惟服制攸關、仍依律問擬斬決、臣等
核其情節、朱化久實由病死、與跌傷無涉、該氏與有心干犯者有間、情
殊可矜、是以照擬票簽外、添寫九卿定議具奏簽進。呈伏候。。欽定、增、
誤傷伊父平復之龔奴才斬決、聲明並非有心干犯請。。旨、增
說帖　査向來有關服制罪犯、而情節實可矜憫者、臣等聲明具奏、仰蒙。。聖
恩、量為寛減欽遵在案、今此本內龔奴才因與伊妻陳氏爭揪、順取剪刀
向戳、陳氏閃避、適伊父龔加江趕勸、以致誤傷左肋平復、刑部聲明雖非有
心干犯、惟倫紀攸關、將龔奴才問擬斬決、臣等核其情節、傷由誤戳、與有心干
犯者有間、情殊可矜、是以照擬票簽外、添寫九卿定議具奏簽進。呈伏候。。欽定、

按以上數條、皆誤傷父母、平復及傷輕、因病而死、及傷輕不致死、因他人另傷致死者。斬決改候條内、有嘉慶二十四年八月初十日進李嚴錫誤傷伊母致死一本、

三綱案無夾簽、
祝○云、三綱案、仍應用卿
議式。倫紀攸關云云、
周○云、誤傷期親尊長、
票九卿議乃舊式、今皆
用改候式、

預敘應留養、與前赦
護條內、余成富仝、

李冬開著即處斬、餘依議、

九卿定議具奏、

誤傷胞兄○身死之○斬決、聲明並非逞兇干犯、夾簽請○旨、

說帖 查本內、李冬開因見胞兄李沅開被李庚喜揪傷不放、該犯情急
順取尖刀向李庚喜嚇戳、致誤傷李沅開殞命、渾、畧、刑部將李冬開問
擬斬決、聲明並非逞兇干犯、并母老丁單、預說非 并請、夾簽請○旨、臣等核
其情節、傷由誤戳、死出不虞、且犯母○氏年逾七十、家無次丁、實可
矜憫、是以照擬票簽外、添寫九卿定議具奏簽進○呈伏候○欽定、增

刑部聲敘變文。尚非有心句未恰合、

王氏著即處斬餘依議、

九卿定議具奏、

身孕負痛、掐摔伊姑傷輕、後伊姑賈氏自因病身死之王氏斬決、請。旨、

説帖　查本内、王氏因伊姑賈氏斥伊不服管教、用頭向撞該氏因被撞及身孕疼痛難忍、一時糊塗用手掐摔傷賈氏左腿等處傷止紅色飲食行動如常、迨後賈氏染患泄瀉病故、刑部聲明、該氏尚非有心干犯、惟服制攸關、仍依律問擬斬決、臣等核其情節、該氏平日不敢忤觸、其摔傷賈氏、係身孕負痛所致、且賈氏之死、實由於病、不由於傷、供証確鑿、與有心干犯者有間、是以照擬票簽外、添寫九卿定議具奏簽進

刑部雙簽説帖

卿議　孕痛觸姑。逼令代砍傷輕病死。自毆致斃

將刑部聲請意、移作起、變文也、須於情節恰合、

此說帖之詳容者、前敘後議、渾敘明議、中間敘一一如法、

○呈伏候○○欽定、

趙氏著即處斬餘依議、

九卿定議具奏、

聽○○從傷死伊姑之趙氏斬決聲明實由被逼代砍請○○旨、

說帖 查向來罪干立決而情可矜憫之犯、臣等聲明具奏仰蒙○○皇慈量

為寬減各在案、今此本內、山西汶水縣民婦劉氏因子趙元領犯竊被

獲聽人教唆、欲行圖賴捕役先用刀自劃傷額顱、復令伊媳趙氏代砍

致傷囟門、劉氏仍令很砍趙氏情急攜刀往求夫嬸楊氏勸阻、詎劉

氏堅欲拚命、圖賴取鉄火灶自毆倒地磕傷殞命、刑部以倫紀攸關照

文 上六行 囟改顖 上八行 很改狠 同 灶改筋 刑改刑 九行

毆夫之父母律將趙氏問擬斬決、此處去聲明一層臣等細核案由劉氏身受各傷内趙氏所劃甚屬輕淺且實係伊姑冀脱子罪逼令代砍與有意干犯毆傷者情節不同遽予斬決似覺情輕是以照擬票簽外添寫

九卿定議具奏簽進。呈伏候。。欽定、

刑部雙簽説帖

事由只二字已明、

此等極重情節、既無夾簽、又無候定字樣、其原情處只平敘於本内、宜詳勘無忽、十年十一月二十五日周。。祟四川民婦敬氏因瘋砍傷伊姑平復一本、本内只有瘋發無知、而節倫紀攸關二句、貼黄則只云照例斬決、不若此二本聲敘之詳、以致誤票單簽、必慎之。琴山云此案要看本尾有行文飛遞二句、否知按有應票斬決單簽而無飛遞句者、有飛遞句者皆有指改非、本内有此句、即票单簽也、揚二語、囑慎之。敬氏本無飛遞句、病在貼黄畧耳、

石侉皂著即處斬餘依議、

九卿定議具奏、

因瘋砍傷伊父平復之石侉皂斬決請。。旨、

說帖 查本内石侉皂因瘋砍傷伊父石黑漢平復一案、刑部將該犯照律問擬斬決 去聲明一層、 臣等核其情節、該督聲稱、該犯平日至孝、實因一時瘋發無知、與實在干犯逆倫者有間、其情不無一線可原、是以照擬票簽外、添寫九卿定議具奏簽進。呈伏候。。欽定、 近不夾簽、

十六年二月十八日、任夫因瘋傷死胞伯及大功兄、一家二命一案、部議情節較重、與傷死服制一命可以夾簽者不同、而究屬瘋發無知、與有心干犯有間、未便加議梟示、請照傷死胞伯斬決例、從一科斷、即行正法、照票、不用雙請。本内無名分攸關句、有馬上飛遞句、其瘋發非有心等句、不可靠以票本用雙請也、是以易認作單簽。名分攸關句最緊要、而敘在原情之後、是以易認作單簽、

刑部雙簽說帖

卿議 服制重案 因瘋傷父母。傷死胞叔。胞兄。毆死伊夫

因瘋砍傷繼母平復之郭原斬決請旨　道光七年十一月二十一日

因瘋砍傷胞兄孔備言身死之孔潑言斬決請旨　道光七年三月十六日

說帖　查本内孔潑言因瘋砍傷胞兄孔備言身死，刑部將該犯照例問擬斬決，去聲明一層，臣等核其情節，實係瘋發無知，並非有心干犯，是以照擬票簽外，添寫九卿定議具奏簽進呈，伏候欽定。

說帖　查因瘋傷死有關服制者，節奉恩旨發交九卿議奏，欽遵在案，今本内　增

因瘋傷死胞叔何東澗之何成敎斬決聲明（二字亦可減）請旨　增

此事由則詳此在即案
情酌量、

無夾簽只用二字為句、無
多事由只一句議

傷死句、似應添字、

將情節全入部議閱議
只渾説一句、前孔溎言
説帖亦如此、

説帖 查本内何成敎陡患瘋病、經胞叔何東潤、鎖閉空屋、嗣病劇、撞開房門、手執扁担亂舞、何東潤見而喝阻、該犯即用扁担毆傷何東潤殞命、刑部將何成敎問擬斬決聲明與無故干犯者有間、請○旨、臣等核與聲請之例相符、是以照擬票簽外添寫九卿定議具奏簽進○呈伏候○○欽定、

因瘋傷死小功伯母張氏之劉環斬決聲明請○○旨、

本内原審聲説宜夾簽、部議此等本、只於本内聲叙、不夾簽、

説帖 查因瘋傷死、有關服制者、歷經欽奉○恩旨發交卿議、今此本内劉環因瘋毆傷小功伯母張氏身死、刑部以名分攸關、將該犯照律問擬斬決聲明實係瘋發無知、並非有心干犯、臣等核與聲請之例相符、是以照擬票簽外添寫九卿定議具奏簽進○呈伏候○○欽定、

刑部雙簽説帖

卿議

舊票斬決、嘉慶十一年九月氏婦段李氏本奉。。上諭一道、嗣後似此者內閣引此案加說帖、票擬九卿議奏雙簽、俟。。旨定奪、

瘋病殺人初審語無倫次、覆審吐供明晰、如斬絞候者、則照常票應斬絞革簽服制斬決者、本內有服制攸關、又有瘋發無知等語、初審不能成供、而覆審吐供明析者、亦用雙請、

十一年四月二十五日。原照前式、祝前肇云、宜將起處改從李樸園。式、其式中未出斬決罪名、前有。恩旨字、中間不用請。。旨字、酌節用之、

因瘋毆死伊夫。。。之。氏斬決聲明請。。旨、

嘉慶十七年七月初四日丙本

何正教著即處斬餘依議、

九卿定議具奏、

因瘋傷死大功堂兄何正棠之何正教斬決聲明請。。旨、照舊式寫此式易。。添並非有心干犯六字、

說帖　查本內、何正教因瘋傷死大功堂兄何正棠身死刑部將何正教問擬斬決、聲明實由瘋發無知、並非有心干犯、臣等核與聲請之例相符、是以照

此種双簽應看本酌
定刑部並無夾簽

擬票簽外添寫九卿定議具奏簽進。呈伏候。欽定 十五年閏六月十五日

陸金全海著即處絞餘依議

九卿定議具奏

傷死賈五等一家二命之陸金全海絞決聲明與無故連斃二命者有間請旨

説帖 查本内毆死賈五賈士義一家二命之陸金全海渾畧又不用一案字刑部照例問擬絞決聲明該犯充當屯達因賈二等先曾在該犯屯欲放賭局經該犯赴旂衙門控告責放賈二等仍不安分復經控部飭縣遞解山東在途脱逃嗣賈五因向人索欠爭吵該犯欲行送官賈五遂挾嫌糾同賈二等將該犯之父陸春毆斃該犯亦毆死賈五賈士義叔姪二命死者雖係一家惟已死賈

刑部叟簽説帖

卿議 一家二命 情節有間 殺護情切

即刑部聲明內、詳敘、詳議、兩頭從畧亦變文也。

閣議不複、變文。欽定二字可救酌一見。

五挾嫌糾同父子兄弟叔姪持械登門尋毆實屬淩惡逞強且實五宄係
毆斃犯父之人亦與無故連斃二命者有間恭候欽定、臣等核其情節、
該犯因父已受傷互相鬪毆死者實係毆斃伊父之人既據刑部將情節敘
明請旨、臣等照擬票簽外添寫九卿定議具奏簽進呈伏候欽定、
傷死二等一家二命之洪百萬絞決聲明救父情切量減請旨、增
說帖 查本內洪百萬因伊父洪王堂被游占鰲游之煥叔姪攢毆該犯聞喊趕
護見伊父倒地危急順用刀將游占鰲戳傷其時游之煥尚揪住伊父不
放該犯又戳傷游之煥先後殞命刑部將洪百萬問擬絞決聲明救父情
切可否量予末減請旨臣等查毆死一家二命之案例無聲請 而

改戳 上八 九行

戳改戳

此案死者本屬理曲兇橫，該犯見父危迫情切救護，與尋常毆死一家二命者有間，是以照擬票簽外，添寫九卿定議具奏簽進。呈伏候。欽定，

胡三友依擬應絞、著監候、秋後處決、餘依議、

胡三友依擬應絞、著監候、秋後處決、其因相驗不實議以降調之俞昌言、著該督撫出具考語送部引見、再降諭旨、餘依議、

傷死。。之胡三友絞候等因、

相驗不實之。。義寧州牧俞昌言降調、

雙簽說帖。增

說帖　查本內議以降一級調用之江西義寧州知州俞昌言、係級紀准抵之案

是以臣等照例票擬雙簽進。呈伏候。。欽定、

十五年四月一本。淩遲雙請票改斬候。中隔一層。易旨定為票擬。與此不同。

雙請說帖。大約先敘部擬。再及部請。終以閣議。此獨詳敘督撫聲請語。而以部中核擬結住。以下不復加議。以有奉旨成案也。部中雙擬則用雙簽字。

魏大志著即淩遲處死。餘依議。

魏大志著從寬改為斬立決。改擬不用著即出斬字。餘依議。

誤毒死業師熊潮銳之魏大志淩遲處死援案改斬決請旨

說帖　查本內。魏大志因屢被火夫田勝處欺凌。起意毒斃。致將業師熊潮銳誤毒身死一案。渾畧該督將魏大志比照故殺期親尊長律問擬淩遲處死。並聲明該犯事後知覺。即將實情向同學等哭訴。哀求解救。死後復向屍子告知。尚知悔恨。援案聲請。經刑部核與嘉慶八年題覆貴州省敖文茂用藥毒嫂。誤毒胞兄敖茂順身死。奏旨改為斬決之案。情事相符。是以臣等照擬票寫雙簽進呈。伏候欽定。

刑部雙簽說帖

改斬決　誤毒業師援案聲請

摅抵傷死家長　未請旨定奪雙簽

[illegible]

此本内、並無請旨定奪等字樣、且有應照奴僕傷死家長律問擬斬決句。後面無馬上飛遞句、本及貼黃、只有尚非有心干犯句、以其與准夾請者不同、已票斬決单簽、將以其無馬上飛遞句擬之、易呂云此宜從請時8誤票因瘋殺人之本用单簽正相同也。十二年三月初八日。
易8云三綱命案、不夾簽、不從請、只著尚非有心一句、關李樸園8云、凡有名分攸關句者、便應從簽、皆要言不煩。三綱不夾簽、與前李青林說帖内所敘同、而後改候、係内誤傷母死、過失傷死其父兩案又夾簽何也、

張升著即處斬餘依議。

張升改為應斬著監候秋後處決餘依議。

傷死家長王榮岩之張升斬決聲明尚非有心干犯請。旨、本内惟本後尾照例有請旨字、本身内無此字樣、

說帖　查本内張升因被家長王榮岩拳毆適該犯手執小刀修削烟袋情急搪抵致手内刀尖戳傷王榮岩斃命刑部將張升問擬斬決聲明尚非有心干犯具題臣等核其情節傷由情急搪抵與聲請之例相符是以照擬票簽外添寫改為斬候簽進。呈伏候。欽定、

凡斬決改候之本、如有應由爲上飛遞字樣者、撤、

十三年二月二十六日、故殺死功服弟葉、葉傍子等一家二命之葉爲子、絞決本内、有請旨定奪句、不票雙簽、詳絞決條、

詳敘情罪已公

著即處斬、餘依議、

强姦未成傷死期功服兄之本有改候式、祝○○式、

著改爲應斬、著監候、秋後處決、餘依議、

傷死○○之○斬決、聲明聽從○命○毆○甏夾簽請○旨、

說帖　查本内、李幅因伊胞叔李秋娃屢次違犯教令、伊祖李登魁喝令該犯縛毆致傷、李秋娃殞命、刑部將李幅問擬斬決、聲明聽從下手、夾簽請○旨、臣等核與聲請之例相符、是以照擬票簽外、添寫改爲斬候簽進○呈、伏候○欽定、

說帖　查本内、王典因胞兄王猷欲分伊父王修基養老地價不允、與王修基吵罵揪毆、王修基忿極、將王猷按住、喝令該犯代毆洩忿、該犯跪地求饒、王修基

刑部雙簽說帖　改斬候　服制重犯聽命下手

笛樓有聽從兄命毆死
兄長式

兩犯一改、

聲稱、如不代毆定欲拚死、該犯無奈勉從、用木棍毆傷殞命、刑部將王
典問擬斬決、聲明並非無故逞兇干犯、夾簽請○旨、臣等核其情節、死
者揪毆伊父、罪犯應死、該犯代毆迫於父命、與聲請之例相符、是以照擬
票簽外、添寫改為斬候簽進○呈伏候○○欽定、

說帖 查本內鄭士全、因胞叔鄭安先將伊父鄭體先毆傷重至骨斷、嗣又將伊
父髮辮扭住、伊父喊救、主令帮毆、該犯順取鉄錘、毆傷鄭安先殞命、刑部將
鄭士全問擬斬決、聲明與有心干犯者有間、夾簽請○旨、臣等核其情節、死
者本屬罪犯應死、該犯聽從父命帮毆適斃、與聲請之例相符、除鄭士德一犯
照擬票簽外、於鄭士全添寫改為斬候簽進○呈伏候○○欽定、

著即處斬餘依議、

改為應斬著監候秋後處決餘依議、

傷死小功堂兄○○之年全用斬決聲明救母情切夾簽請○○旨、

説帖　查本內、年全用因小功堂兄年全良將伊母朱氏按地拳毆該犯瞥見情急順拾鋤柄趕救致毆傷年全良殞命、刑部將年全用問擬斬決聲明與無故逞兇者有間、夾簽請○○旨、臣等核其情節、死者犯尊、本屬理曲、該犯情切救護、與聲請之例相符、是以照擬票簽外、添寫改為斬候簽進○呈、伏候○○欽定、

救親情切、或誤傷死期親尊長者、票雙簽、一決一候、增○按此照式增入、然若此條使非期親、又改斬候者、又不專因救護誤傷一條、

刑部雙簽説帖　改斬候　服制重犯救護情切。兩犯改候

說帖　查本内葉士明因伊母張氏被伊胞叔葉朝信〇〇〇實係事在危急

一、傷、殞命、尚非有心干犯、〇〇〇　增

說帖　查本内、姚任俊因伊父姚翠虞、被伊胞伯姚廣虞〇〇〇〇實係事在危急、

情切救護、且該犯之父已因傷斃命、其情實可矜憫、與聲請之例相

符、〇〇〇　增

丁炳烺丁炳芑俱著即處斬餘依議、

丁炳烺丁炳芑改為應斬俱著監候秋後處決、餘依議、

傷死〇〇尊長之〇〇〇等斬決、聲明並非有心干犯、夾簽請〇〇旨、

說帖　查本内丁炳烺〇〇〇〇丁炳芑、〇〇〇〇　臣等核其情節、一係救母情切、一係誤

傷適斃、俱與聲請之例相符、是以○○○○

陶小三著即處斬餘依議、

陶小三改為應斬著監候秋後處決餘依議、

傷死小功服兄陶懷得之陶小三斬、決聲明救父情切夾簽請○○旨、雙簽説帖、

説帖　查本内、陶小三因小功服兄陶懷得、與伊父陶錦梁揪扭同跌倒地、非極要緊

事由、閲係案情罪名者不出、　陶懷得將陶錦梁壓住用磚毆傷、陶錦梁喊救該犯聞聲

奔護、見伊被壓受傷面紅氣脹情急、順用小刀嚇戳、適傷陶懷得殞命、

刑部將陶小三問擬斬決聲明、並非有心干犯、夾簽請○○旨、臣等核其情節、

死者犯尊、該犯情切救護嚇戳致斃、與聲請之例相符、是以照擬票簽外、

刑部雙簽説帖　改斬候

添寫改爲斬俟稔進。呈伏候。。欽定、

十年閏月二十六日、

刑部本有夾簽者本面寫夾簽請○旨若無夾簽則只云聲明○○情節、○減等減流者同說帖問、○增、

宋鳳曉著即處斬餘依議、

宋鳳曉改為應斬著監候秋後處決餘依議、

傷死大功堂兄○○之宋鳳曉斬決聲明情可矜憫請○旨、

說帖 查本内、宋鳳曉因大功堂兄宋鳳鍔逼斃伊母、負罪逃避、該犯瞥見喊捕致將宋鳳鍔毆傷殞命、刑部將宋鳳曉問擬斬決、聲明情可矜憫夾簽請○旨、臣等核其情節、死者逼斃期親罪犯應死、該犯母由逼死情實可憫是以照擬票簽外添寫改為斬候簽進○呈伏候○○欽定、

糾約他人毆死胞伯何成書之何玉保斬決、聲明與無故逞兇者有閒、請○旨、

說帖 查本内、何玉保因胞伯何成書調戲繼子媳不從爭鬧向勸、並被誣姦尋

刑部雙簽說帖

改斬候、服制罪犯

痛母捕傷○死者傷化糾毆伯父

無夾簽、因未票出請
旨字以票出為是。

毆該犯忿激難堪、糾允史干小子等毆打、該犯臨時畏懼未往、不期史干小子將何成書毆傷斃命、刑部將何玉保問擬斬決、聲明與無故逞兇干犯者有間、臣等核其情節、死者實係傷化罪人、該犯又未同場共毆、是以照擬票簽外、添寫改為斬候簽進。呈、伏候。欽定。增

說帖　查本內王於告因母周氏瘋病復發、赤身亂跑、被父王潮書毆傷、該犯向勸、取衣給穿、周氏不理、祇顧外跑、該犯用手一攔、不期誤推周氏跌地、

卿議條內、誤傷父母平復、及誤傷本輕、後因病死者、與傷非致死、因他人另傷者、或夾簽、或否、不同、

墊擦受傷、迨後傷已平復、另因病痢身死、又經驗明確鑿、刑部將王於
告問擬斬決、聲明傷由於誤、照例援案請。。旨、臣等詳核案情、周氏被拙
跌傷、嗣經平復、飲食行動如常、該犯平素孝順、其手攔伊母、係冀其進
內、並非有心觸忤、與樊魁一案情事相同、是以照擬票簽外、添寫改為斬候簽進呈、伏候。。欽定、

李嚴錫著即處斬、餘依議、

李嚴錫改為應斬、著監候、秋後處決、餘依議、

誤傷死伊母王氏之。。。斬決、夾簽、請。。旨、

說帖　查本內、李嚴錫因伊弟李嚴錆出言頂撞、該犯氣忿、取斧嚇砍、適伊
母王氏趕勸、走至李嚴錆身後、李嚴錆頭往右閃、該犯收手不及、誤傷王

刑部雙簽說帖　改斬候。誤傷死母

氏殞命、刑部將李嚴錫問擬斬決、聲明並非有心干犯、夾簽請。旨、臣等
核其情節、傷由誤中、尚為可原、與聲請之例相符、是以照擬票簽外、添
寫改為斬候簽進。呈伏候。欽定、增

出明誤傷、所以省聲
明句、

誤傷死○○叔兄○之○斬決夾簽請○旨、

說帖
查本内、何思益因奪棒回毆李氏、不期小功兄何思友從身後攏勸、致棒頭誤傷何思友身死、刑部將何思益問擬斬決、聲明並非有心干犯、夾簽請旨、

臣等核其情節、傷由誤中、死出不虞、與聲請之例相符、是以照擬票簽外、添寫改為斬候簽進○呈伏候○欽定

說帖
查本内、于剛因被斬○嚷罵、順用鉄車川向毆、斬○閃避、適伊小功堂叔于泳吉走至、斬○身後拉勸、誤傷于泳吉殞命、刑部將于剛問擬斬決、照例夾簽

刑部雙簽說帖

改斬候　服制○誤傷○一犯改候

有夾簽者、可將可原情
由敍於前、不用聲明云云、

請旨、臣等核其情節、傷由誤中、並非有心干犯、與聲請之例相符、是以
照擬票簽外、添寫改為斬候簽進。呈伏候欽定

疑賊嚇戳傷死大功堂兄蕭必顯之蕭必訓斬決夾簽請旨、增

說帖　查本內蕭必訓因大功堂兄蕭必顯黑夜赴該犯柵前戲灑泥沙、該犯查
問不應、疑賊用刀嚇戳致傷蕭必顯殞命、刑部將蕭必訓照例問擬斬決聲
明、並非有心干犯、夾簽請旨、臣等核其情節、實可矜憫、與聲請之例相符、
是以照擬票簽外、添寫改為斬候簽進。呈伏候欽定

馮添存馮添衢俱著即處斬餘依議、

馮添存著即處斬馮添衢改為應斬、著監候秋後處決、餘依議、

外字下、應添於馮添衢一犯句、

不出事由、以非罪名輕重所関也

説帖　查本内、馮添衢、因伊兄馮添存、被伊叔馮勝玉、携橙撲毆、上前拉勸、順
用劈篾尖刀、將橙格落、不期刀尖誤傷馮勝玉臂膊、馮勝玉旋因被馮添
存戳傷殞命、刑部將馮添存馮添衢俱問擬斬決、聲明馮添衢與無故逞
兇干犯者有間、夾簽請。旨。臣等核其情節、該犯用刀格橙之時、祇因
見勢兇很、意存拉勸、迨誤傷後、旋即跑開、實非有心干犯、是以照擬票
簽外、添寫改為斬候簽進。呈伏候。欽定

擠跌旁人、致誤傷死胞兄周贊昇之周狗斬決、夾簽請。旨、增

説帖　查本内、周狗被胞兄周贊昇撲毆、該犯逃避、將邱祥萬擠跌、帶撲伊兄周
贊昇、一併仰跌、以致邱祥萬手中烟筒、戳傷周贊昇殞命、刑部以罪坐所由

刑部雙簽説帖　改斬候

將周狗問擬斬決、聲明並非有心干犯、夾簽請。旨、臣等核其情節、傷係
旁人誤中、其情實可矜憫、是以照擬票簽外、添寫改為斬候簽進。呈伏候。。
欽定、

誤傷死胞兄尚小四之尚小五斬決夾簽請。旨、
說帖　查本內、尚小五因黑夜與孫老人爭鬧、被孫老人揪按拳毆、該犯拔刀向戳、
適伊兄尚小四攏勸、該犯看視不清、誤戳傷尚小四殞命、刑部將尚小五問擬
斬決、聲明並非有心干犯、夾簽請。旨、臣等核其情節、傷由誤中、死出不虞、
與聲請之例相符、是以照擬票簽外、添寫改為斬候簽進。呈伏候。。欽定、　十二
年二月二十二日

一犯改候之本、應用除。。照擬票簽外、於。。一犯添寫改為。候簽進呈云云。十四年十月十九日記

易乃云情可矜憫、是空語、情節教層有主有附○情可矜憫是公共語照本、

傷死○○叔兄之○○斬決聲明 非有心干犯、情可矜憫、夾簽請○○旨、

說帖 查本内尚金邦、因大功堂兄尚保邦、强伐伊地内樹株、該犯之妻彭氏見而斥阻、尚保邦將彭氏按地撕破衫褲、該犯赴地理論、尚保邦拾斧向砍、該犯接住斧柄、互相奪拉、致尚保邦自行磕傷殞命、刑部將尚金邦問擬斬決、聲明情可矜憫、夾簽請○○旨、臣等核其情節、死者本屬恃長理曲、奪斧自傷適斃、實與有心干犯者有間、是以照擬票簽外添寫改為斬候簽進○呈

伏候○○欽定、

刑部雙簽說帖

改斬候 服制○奪磕○帶仆○抵跌○推抵○跌撞 女犯毆傷死伊夫死由跌磕

紋不析而累刀宜先敘出

帶敘不析而複

說帖

查本內賴騰高因被胞兄賴彩輝推跌倒地賴彩輝亦被帶跌仆壓時

該犯持刀削竹不及棄置致刀尖適傷賴彩輝殞命刑部將賴騰高問擬斬

決聲明尚非有心干犯夾簽請旨臣等核其情節該犯被跌倒地死者

亦帶跌仆壓實非有心干犯與聲請之例相符是以照擬票簽外添寫改為斬

候簽進呈伏候欽定

說帖

查本內鄧廷皓因被大功堂兄鄧飛梧揪住髮辮用脚毆踢該犯情急用

秤錘抵格適傷鄧飛梧臍肚鄧飛梧踢落秤錘拉住衣襟向毆該犯掙脫

不期用力過猛將鄧飛梧帶跌倒地被秤錘墊傷殞命刑部將鄧廷皓問擬

斬決聲明並非有心干犯夾簽請旨臣等核其情節傷由抵格墊跌與

一案兩犯、重者已縊、

聲請之例相符、○○○

說帖 查本内、姜大求因被胞叔姜運祿撲毆揪住左耳亂咬、該犯負痛情急、用手推抵致指甲抓傷姜運祿耳竅、該犯之弟姜大正趕攏帮護、用木槌毆傷姜運祿殞命、姜大正業已畏罪自縊、刑部將姜大求照律問擬斬決、聲明並非有心干犯、夾簽請旨、臣等詳核案由、姜運祿係被姜大正毆傷身死、該犯被毆推抵、其情實可矜憫、與聲請之例相符、是以照擬票簽外、添寫改為斬候簽進、呈伏候欽定、

刑部雙簽說帖　改斬候

十年四月二十日。顧。。票。
氏被伊夫揪毆、仰頭誤揺傷
伊夫身死一本、、内無夾簽、
並無請旨字樣、先請撤通、
信覆云各省所辦不同、向無
原揭、不能增改、閲查舊帖式
有之、於問擬斬決句下、只用聲
明尚非有心干犯具題句用之、

傷死伊夫石潮科之李氏斬決聲明情。尚。可。原。請。。旨

說帖　查本内、李氏因伊夫石潮科罵其不應責打幼孩、取木扁担向毆、該氏接奪過手走避、石潮科又向趕奪、致扁担邉楞、揺傷石潮科殞命、刑部將李氏問擬斬決、聲明情。尚。可。原。夾簽請。。旨　臣等核其情節、傷。由。跌。揺。死。出。不。虞。、與聲請之例相符、是以照擬票簽外、添寫改為斬候簽進。呈伏候。。欽定

減等條、情節多只一層、其累減、則遇恩遇赦也、減候條、情節多有兩層者、如此條捶跌、又因風是也、留養條有減留接請者、則須作兩層敘出、

格跌捶傷致小功服兄。因風身死之張泳考斬決聲明請。旨、

説帖

查本內、張泳考、因小功堂兄張泳英舉磚撲毆、該犯用手架護、致將張泳英碰跌坑內、捶傷右額角等處、張泳英飲食行動如常、旋因自將傷痂擦落、抽風身死、刑部將張泳考問擬斬決、聲明並非有心干犯、夾簽請。旨、臣等核其情節、傷由捶跌、死係因風、與聲請之例相符、是以照擬票簽外、添寫改為斬候簽進。呈伏候。欽定、

刑部雙簽説帖

改斬候　服制。捶傷因風。限外

說帖

查本内朱華年因被大功堂兄朱昌年揪住毆打並用頭向撞致在該犯手執茶壺底上摃傷越二十一日身死刑部將朱華年問擬斬决聲明並非有心干犯夾簽請旨臣等核其情節傷由自摃死係因風且在保辜正限之外情實可憫是以照擬票簽外添寫改為斬候簽進呈伏候欽定

過失傷死伊父之甘躭俚絞決聲明請○旨、

説帖　查本内、甘躭俚因犬隻踐踏稻穀、順舉翻穀木爬趕打、不期揚起勢重、爬頭從後鬆脱、適伊父甘碧蒼走至該犯身後、爬頭適落頭上、致傷頂心連偏右殞命、刑部將甘躭俚照過失殺父例問擬絞決、聲明情有可原、夾簽請○旨、臣等核其情節、實耳目所不及思慮所不到之律相符、是以照擬票簽外、添寫改為絞候簽進○呈伏候○欽定

刑部雙簽説帖　改絞候　過失殺父

劉泳盛著即處斬、李恒貴、李恒富、陳有存、李恒太、袁成順、高起隴、俱著即處絞、

餘依議、

劉泳盛著即處斬、李恒貴、李恒富、陳有存、俱著即處絞、李恒太、袁成順、高起隴

改為應絞、著監候、秋後處決、餘依議、

○○○之劉泳盛等分別斬絞候聲明○○○等三犯○○○○改絞候請○○旨、說帖未見、今增、

刑部雙簽說帖

案犯連名異罪。犯改絞候。刑會吏　處分雙簽

依擬應絞著監候秋後處決餘依議

依擬應絞著監候秋後處決其因失防絞犯在押脱逃議以革職之處著該撫出具考語送部引見再降諭旨餘依議

傷死之絞候等因

十三年九月初二日禄門本高票易定燮棻説帖

減等寬免、

本内無請旨字、然向有監候之犯、可票出、以此遲疑易。○云監候票出者、係斬絞之犯、此遣犯援免、只應依議是也、

刑部

減等留養各條

常犯、原擬流罪、又減徒、只用单簽、服制擬流減徒則須叟說、常犯流徒留養、無倘蒙句、只用依議、有倘蒙句、亦只用出名单簽、服制擬流留養、則用叟說、本面多用可否字、服制為重也。惟傷死不孝之妻入可矜者、另例用单簽説帖。○未句十三年五月二十四日後添

減等多係常犯、間有服制則請罪俱輕、如聽命傷ゝ等案、減候多係服制、間有常犯則情罪俱重、如一家二命師生等案

減等易辦、又有遇恩當減而罪重不即予減、監候二年、再行減流者、是為待減、此本内無秋後出決句、十年四月、部本有出決句、照票爭辦奉堂諭以後莫用出決句、

依議

遣犯李二援免仍監候待質

李二盜犯斬決情有可原發遣事在恩詔前寬免、以盜首未獲監候、○十年九月九日、

刑部減等各條

例減不請旨。不出名、单簽、

聲明恩詔以前、死由抵押

應入緩決、

例減請旨出名单簽、

恩減出名、单簽

減等各條、

減等無单說式。後有依議加帖一條、亦可不加說帖也

依議

命案未定絞抵、照例擬流。徒。杖。贖、

隨擬隨改、雖擬未定、如擬絞隨改應入緩決者、皆未定者也

互斃、傷輕因風。餘犯等案、無請旨字樣、

應緩者依議、則已緩者自不出名、然須看有無請旨字樣、

應入緩決之絞犯楊幅大減流、九年十二月十八日、

著照例減等、杖流。杖徒。杖責。收贖、

舊有不用減等字式

命案未定絞罪照例減等定擬、

男子拒姦斃命、未及歲、傷輕抽風等案、有請旨字樣

本面不出請旨字、

十年五月二十日一本南陽棍徒結夥持刃傷人首犯自縊、從犯劉萬有減流、易去照例二字、

准其減等、累減、杖徒。收贖、

有請旨字、本皮亦可不寫、俟定、

命案援例、即前條拒姦抽風等案、擬流、擬徒、遇恩旨減徒、杖、收贖、

已定死罪例減叟說第二簽、

已定斬候減流单簽、

已定死罪例減又恩減叟說第二簽。累減字宜用於此

已定死罪原減又赦減叟說第二簽、

原擬流罪例減叟簽前擬流減徒用单簽此用叟說當以服制之故

恩詔與赦不同、赦直票援赦、亦可用准其字、恩詔不可云援恩、又不可云照例字、用准其字最妥、

。易。。定。本擬流徒、非從絞流減等、簽內宜用減等字、其累減字酌、

著從寬免死照例減等杖流、限外字、簽內須出、

已定絞罪照例減等請。。旨、救親限外、未及歲、老疾、等案、服制、因姦等同、

依擬杖流餘依議、十五年五月一日、奚。本。内無偶蒙等句、直云照例、是以不用叟說。、原題 斬候 聲明、

著從寬免死累減杖徒。杖。贖、舊式於恩詔累減、亦用照例字、未愜、不如准其字為妥、而此簽用准其字、又與上句著字複、公酌此式、

已定絞罪照例減流遇。恩 與赦分別票 減徒。請旨、

陳氏著改為絞候、准其援免 此著字准其字並用以援免字不同也

已定絞決原情改候、被夫兄逼姦已成、與有心淫亂者有間 援赦、與恩詔分別票 累減免罪請。旨、

不准減徒、准其減徒、餘依議、服制、

刑部減等各條

此條極似宜叓請、詳後、
審之、

單說、此條近未見用、

依議、單簽加說帖。此條似可照餘犯監斃、或不加說帖、

待減、

護父情切、毆傷叔兄、杖流照例減徒、請旨、

依議、

尊長威逼、勉從傷死大功堂兄白榮之白亮、比例杖流、十年十二月十七日、

依議改為杖流、餘依議、嘉慶五年、

因姦傷死胞兄、之、斬決、聲明王仲貴新例、改流、

依議、

共毆案內、下手傷重者監斃、糾毆絞犯、減流、累減免罪

御待減、專條入監候條內

著從寬免死、俟二年後、再行減流、

九年謁陵恩赦

遇恩援減情罪較重之斬絞犯。俟監禁二年後再行減流、增

此即監候條下待減之犯刑部奉天司與內閣爭議者也刑部六本四本有處決句二本無出決句易。謂宜照本文江謂甚無出決句成甫。謂即有出決句亦不應票出口擬此簽實未用也。十年六月十七日記

依擬應。著監候餘依議　待減近用此式　托定

依議

已定絞罪援赦免罪本内稱照例無請旨等字樣

刑部減等各條

崇研堂

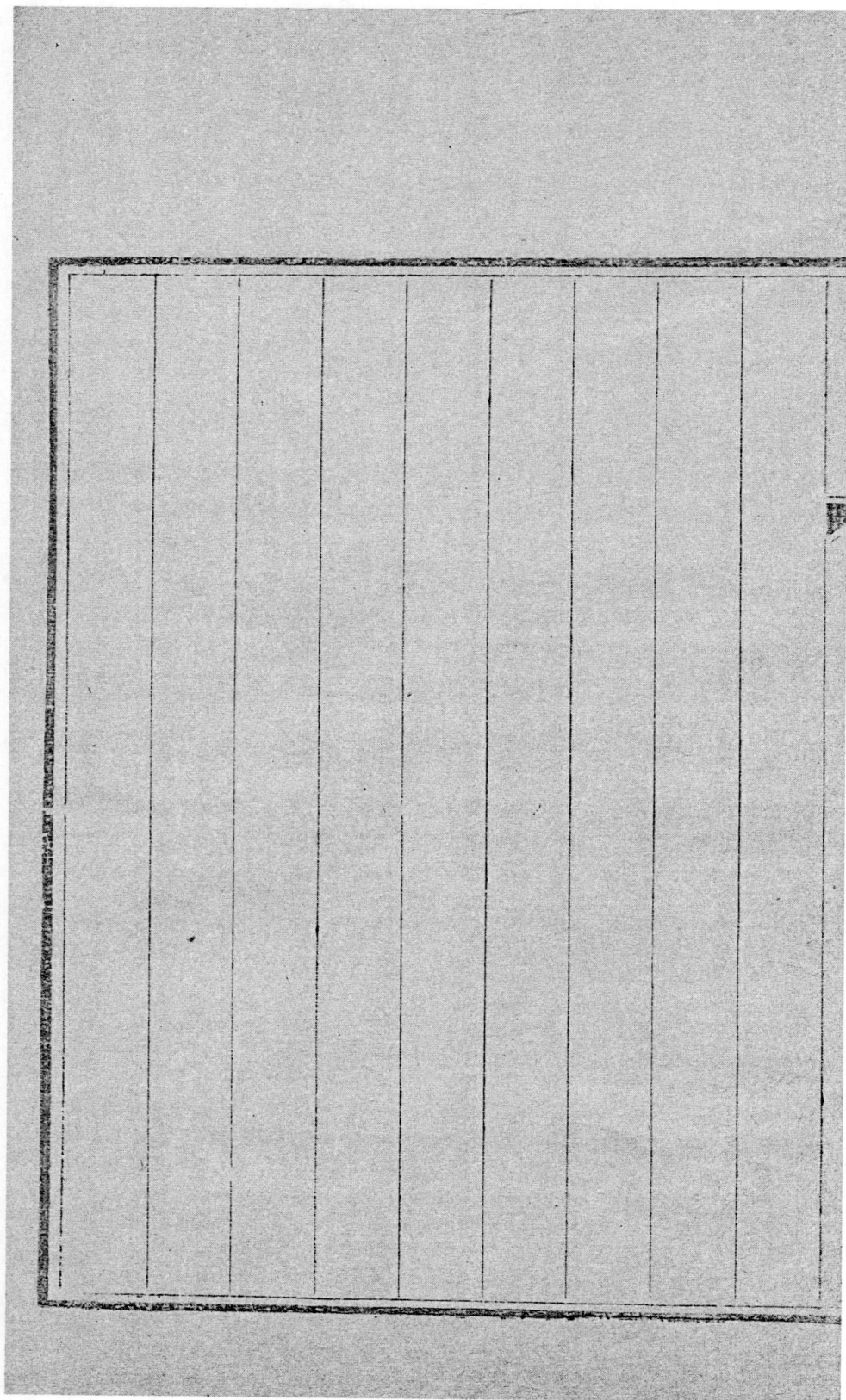

不出名單簽、

補請。

已入矜緩，出名單簽，無說帖。補請

留養各條。承祀同。

依議、

○○之○○照例留養　承祀同，或加准字。

未定罪名，無如蒙等句。已定流徒等罪，無倘蒙等句。緩決多次，補請，無倘蒙等句。因瘋殺人，業經痊愈，例應留養之○○准釋放，無倘蒙等句。

○○著從寬免死，照例枷責，准留養親，餘依議

已入秋審緩決之○○犯○○○補請留養。

九年九月二十五日一本，末句寫照例聲請留養。西棋○○改准留養。

雖有倘蒙等句，不票雙簽，不加說帖，亦因是不票依議

○○著照例枷責，准留養親，餘依議

已入秋審可矜之○犯○○補請留養。

流徒犯去免死句，可矜者亦去免死句，可矜更輕於已入緩決

刑部留養各條

隨請、

應入矜緩单説。隨請

准説

原毆傷輕、致因風身死之杖流、聲明親老丁单、照例留養等因、

未定罪名、隨案聲請留養、　。有倘蒙等句、所以與依議條不同、

傷死之絞候、其擬杖留之照例留養、　上四條俱有倘蒙等句、

著從寬免死、照例枷責、准留養親、餘依議

緩決絞犯、　本内稱緩決一次、例准留養、例得減等云云、乃例應如此、非已入緩決也、　聲明親老丁单留養、請隨案聲請留養、

擅誤殺死之絞候、聲明母老丁單、留養請旨、　此等本内多聲明應入可矜、本面不出可矜字、只出案由、

易云、单説宜用於可矜人犯、可矜者、多因傷死不孝之妻、令拨、誤殺、擅殺等案、本内亦多稱秋審應入可矜、

依擬杖流、不准留養、　。服制。雖流罪、亦准請、重在留不留、不重在原定之罪、常犯流罪請養與此不同、

著照例枷責、准留養親、餘依議、

石。。云本内已定罪名者、用単簽説帖、易。。云已定罪名者、用凖叓説、惟可矜者、単説、楊。。云留養叓簽久不用、亦本可不用。　即成式看、大約應入矜緩者、単説、罪重情輕、與請減留者叓説、

説帖、簽式、、近不見用轉換式、只第一簽照擬票出罪名、第二簽留養、

聽從父命、及傷胞兄之。。。杖流可否留養請旨、　按服制案、留養、應凖叓説、所謂罪重情輕、

。。依擬應絞著監候、秋後處決、餘依議、

。。毆傷。。至保辜限外身死、且親老丁単、著從寛免死、照例枷責、准留養親、餘依議

毆傷。。至保辜限外身死之。。絞候、聲明親老丁単、留養、請。。旨、

此案先請減流、再請留養、以請減未定、故簽内仍用免死句、。准留可概減流、故簽内不票

照例減流説帖内、則先説減流請旨、用再查字、接入留養、

斬絞犯本内、俟秋審查辦留養者、歸餘依議、若一本二犯、一犯擬斬絞、一犯隨本請留、有請旨定奪字、則分票出、或加単説叓説、若一犯隨本請養、而係照例辦理、無俟定等字、則亦只票歸餘字、総與此條（請所記）相符、。十年六月十七日記、

原情留養、用既擬字接、

原減留養、用並查、或用且字接、

原減或不原減、而留養請旨、有可否字樣者、用二簽轉換式。、載叓説留養條中、

刑部留養各條

敘複兩議不析

周公中依擬應斬著監候秋後處決餘依議

周公中著從寬免死照例減等杖流餘依議

傷死緦麻服兄○○之周公中斬候聲明救父情切累減杖流請○○旨

說帖 查本内周公中因緦麻服兄周公養將伊父周加度掾地疊毆致傷額顱腦後該犯情切救護拔取小刀致傷周公養殞命刑部將周公中問擬斬候聲明救父情切累減請○○旨臣等核其情節實係事在危急與兩請之例相符是以照擬票寫雙簽進○呈伏候○○

欽定

汪三普依擬應斬著監候秋後處決餘依議 十年四月廿二日周○○票傷死緦麻兄一本本内擬斬減軍兩擬斬無秋後出決

刑部雙簽說帖

服制減等 斬候累減○減軍 救父情切

凡減軍簽本內應有杖一百字樣無則應撤。易定

此等無夾簽惟期功之親乃夾簽此等原票卿議後改減或改候

句照票亦不用此句。從前本內此等案無出決句皆今添寫

汪三普著從寬免死減等杖責發邊遠充軍餘依議

傷死緦麻服兄。。之。。斬候聲明救父情切援例減軍請。。旨　四年六月十二日

說帖　查本內汪三普因緦麻服兄汪飲和將伊父汪柱名用棍毆傷復揪跌倒騎壓身上手搯咽喉伊父面脹氣塞喊不出聲該犯瞥見情急拾棍毆傷汪飲和殞命刑部將汪三普問擬斬候聲明救父情切援例減軍請。。旨　臣等核其情節實係事在危急情切救護與兩請之例相符是以照擬票寫雙簽進。呈伏候。。欽定

依議

尊長威逼勉從傷死大功堂兄白榮之白亮比例杖流

本内引例載尊長威逼勉從下手傷死功服兄者除主使之人照為首科斷外其聽從下手之人照威力主使之從犯於斬罪上減一等杖流云云。此案白榮至其伯叔家拜年飲醉將祖先像扯碎其伯叔請白榮之母姜氏來喚白榮令回白榮反毆詈其母其母喝令白亮下手一傷致斃其母例得無論白亮減流。文江兄云此有專條是以依議。按此極似應雙請者以有專條改票詳之。十年十二月十七日

刑部雙簽説帖

連名轉換簽

改泆條內一案兩犯分擬說帖內皆帶敘一二句此條說帖未兼及

有照例字則餘文可從省援案同

情急傷輕所以累減而文法亦變

馮思源依擬應絞著監候秋後出決馮居太不准減徒餘依議 道光四年五月十六日

馮思源依擬應絞著監候秋後處決馮居太准其減徒餘依議

故殺胞弟馮思立之馮思源絞候犯子馮居太護父情切毆傷胞叔杖流照例減徒

請旨

說帖

查本内馮居太因期親服叔馮思立拾取樹枝毆傷伊父馮思源該犯情急救護亦拾樹枝毆傷馮思立脊背等處馮思立轉身撲毆該犯畏懼逃跑伊父馮思源將馮思立連毆斃命之時該犯並未在場刑部將馮居太問擬杖流照例減徒夾簽請旨臣等核其情節該犯所毆傷甚輕淺情切護父並非無故逞兇干犯與量減之例相符是以

刑部雙簽說帖

服制減等 杖流遞減 救護情切

減軍者照本一一票清與減流徒等者不同。減流等案近亦俱票出不票發落

有一層所以量減救護殺人多量改不即議減也

照擬票寫雙簽進。呈伏候。。欽定

曹瀊邦依擬應斬著監候秋後處決餘依議

曹瀊邦著從寬免死減等杖責發邊遠充運餘依議

傷死緦麻服兄曹作邦之曹瀊邦斬候聲明救護情切減軍請。。旨。增

說帖　查本内曹瀊邦因伊父曹其宣被緦麻服兄。。。減為杖一百發邊遠充軍請。。旨　臣等核其情節已死曹作邦未及歲案寓死者年長。歲本屬犯尊罪人。情實可憫與聲

請之例相符。。。。

王春二依擬應絞著監候秋後處決餘依議

王春二著從寬免死已定絞罪照例原票無此二字祝。。云應添惟子恩詔累減乃無此二字累減杖徒餘依議

二改單三行　情護下脱切字應添下一行

救護情傷死伊妻○氏之○○罪減杖徒請○旨

本内因救護比例減流因毆死毆詈翁姑之妻秋審可矜比例減徒

十六年四月二十六日吳○○本

刑部雙簽説帖

有依擬杖流簽式分別在有僞蒙句否、
斬候減流、不用免死字、當以情輕之故、與前留養单簽可矜流徒人犯不用免死句、義各不同、
議句避複、未祈、

刑部

雙簽説帖

雷應和依擬應斬、著監候秋後處決、餘依議、十三年二月初九日趙姦所殺死緦麻叔趙林斬候減流一本照此式、莫誤票鄉議、

雷應和著減等杖流、不用從寬免死字樣、餘依議、

因姦殺死緦麻服兄之雷應和斬候減流請旨、此本無夾簽、道光三年十月二十六日、

説帖 查本内雷應和因緦麻服兄雷應成與伊妻雒氏通姦、該犯撞獲、用繩將雷應成登時勒死、刑部將雷應和問擬斬候、聲明殺由義忿減流請旨、臣等核其情節、死者本係亂倫、該犯激於義忿、與聲請之例相符、是以照例票寫雙簽進呈、伏候欽定、

刑部雙簽説帖　服制減等　斬候減流　因姦

道光九年二月十三日因拒姦傷死小功服叔一本、本夫先毆本婦後毆致斃、罪坐本婦、減流、收贖、本内引例云、此等按服制定罪、該司問擬、隨案減流、童。。云宜票單說、予云例有明文、単說自可、梁。。云論雖是、然說帖中、却從無與隨案減流之例相符語、此等本應用卿議雙簽、以部内已擬減流、照票雙說為是、後問楊。。云單簽亦站得住、雙簽為妥、

張潮佑依擬應斬、著監候、秋後處決、餘依議、

張潮佑依議改為（不用從寬免死句、又不用著減等字、似卿議簽式）杖流、餘依議、

傷死降服胞兄張潮佐之張潮佑斬決、援案減流、請。。旨、　○增

說帖　查本内、張潮佑因伊降服胞兄張潮佐欲强姦子媳吳氏、經伊嗣母張氏趨視喝罵、張潮佐將母推跌倒地、復用鐵鈀向毆、并欲與母拚命、張氏忿極、取棍遞給張潮佑、喝令毆傷張潮佐殞命、刑部將張潮佑問擬斬決、援案減流（即王仲貴之案、虛實互見法）奏請。。定奪、臣等核其情節、死者淫惡蔑倫、罪犯應死、該犯勉從下手、與王仲貴之例相符（王仲貴例、有単說式）是以擬寓雙簽進。

呈伏候。。欽定

因姦傷死胞兄〇〇之〇〇斬決、聲明迫於父母命與王仲貴之例相符、減流、請〇旨、

石〇〇本內、並不用斬決及請〇旨字、

〇九卿議後或部中改擬、乃用依議、應改擬及依議改為卿議式、尋常減等可不用、張潮佑一簽式、

服制減等、因保辜限外者、簽內不出保辜限外云云、與常犯不同、〇十年四月〇日梁易〇〇仝云、

是年四月二十二日、周〇〇票傷死緦麻兄、至保辜限外身死一本、簽內出保辜限外句、梁〇〇云此不畫一矣、

十三年十二月〇日一本、乃傷死伊妻、至保辜限外身死者、本內聲明例無專條而應與凡鬥同科減流、此又與梁〇〇所說不同、

刑部駁簽說帖

常犯減等應添男子拒姦死者長於凶首十歲係確一條

不夾簽

依擬應絞著監候秋後處決餘依議

著從寬免死照例減等杖流餘依議　張廷寳救親殺人簽票減等發落近俱改用杖流字若減軍則須照本票清。按

傷死之。絞候聲明救親情切減流請。旨

說帖　查本内黃成組因伊父黃振恒被曾德科戳傷倒地復被連戳該犯情急用刀嚇戳適傷曾德科殞命刑部將黃成組問擬絞候聲明救父情切減流請。旨臣等核其情節實係情切救護並非無故逞兇與兩請之例相符是以照擬票寫雙簽進。呈伏候。欽定

說帖　查本内徐萬里因伊母。氏被丁守寬揪髮毆打情急用鎗向戳適傷丁守寬殞命刑部將徐萬里問擬絞候聲明救母情切減流請。旨

刑部雙簽說帖　常犯減等。救親

救親誤傷

罪坐所由議情已當而張氏以攙勸被傷至死情何由申似應將誤傷再敘一二句誤傷亦從量減也

說帖　查本內周宇經因伊父周炘杰被無服族叔周起河用木擔毆傷倒地滿面流血復舉擔向毆該犯情急用刀嚇戳周起河閃開適周起河弟妻張氏在周起河身後攙勸該犯收手不及誤傷張氏殞命刑部將周宇經問擬絞候聲明救父情切減流請旨臣等核其情節死者並非行兇之人而該犯用刀嚇戳實由救親情切所致罪坐所由與兩請之例相符是以照擬票寫雙簽進呈伏候欽定

傷死楊三信之趙得寅絞候比例減流請旨　增

說帖　查本內趙得寅因伊父趙惆祥被楊三信用鎗扎傷該犯攙護奪鎗回扎適傷楊三信殞命刑部將趙得寅問擬絞候比例減流請旨臣等

文隨事變成肯。。云
兩請照本、

核其情節該犯之父年七十九歲因被傷負痛難忍自縊身死今該犯又
身抵於法是以一命抵一命殊堪矜憫與兩請之例相符是以照擬票寫雙
簽進。呈伏候。。欽定、

韓。依議應絞著監候秋後處決餘依議、通本、稱韓。傷死李泳、雖致命而傷輕、例得減流部議照原驗改絞候故票議字、

韓。著從寬免死累減杖徒、救親減流。恩詔減徒只出後一層䝿之、餘依議、

傷死李泳之韓。絞候聲明救護情切累減杖徒請。。旨、雙簽說帖

說帖
查本內韓。因李泳將伊父韓科推跌騎壓毆打該犯瞥見情急順用木
扁擔嚇毆致傷李泳殞命、係十日外抽風身死因部議改照鬥殺改絞是以不出抽風一節刑部將韓。問擬絞候
通本稱傷輕減流部議引致命傷重雖十日外抽風身死仍照鬥殺改絞此仍用問擬字䝿之聲明救護情切累減杖徒請。。旨、臣等

刑部雙簽說帖

核其情節，事在危急，毆止一傷，與兩請之例相符，是以照擬票寫雙簽

進。呈伏候。欽定　十一年六月十三日　直督那　本。

各部單雙説帖、其簽式出事由者、留心。服制因限外減等者、却不出保辜限外云云

票減字照本、

。。依擬應絞著監候、秋後處決、餘依議、旗人票照例減等本內稱減流折枷鞭責發落、枷責發落、

餘依議、十五年十二月十七日

。。毆傷。。。至保辜限外身死、著從寬免死照例減等杖流、餘依議　舊票減等發落、現照本票杖流楊

。增、按、亦有減軍者、或照票或票發落、酌。減軍宜照本票清、

傷死。。。之。。絞候、聲明保辜限外、減流、請。。旨、七年又五月十七日

説帖　查本內、張春貴、砍傷張起良、越六十四日身死、刑部將張春貴問擬絞

候聲明保辜限外減流請。。旨、臣等核與歷辦成案相符、是以票擬雙

簽進。呈伏候。。欽定、

説帖　查本內、孟宏泰、。傷曹易安越二十四日身死、刑部將孟宏泰問擬絞

候、減流請。。旨、

刑部雙簽説帖　、常犯減等。保辜限外。一照一減

本内稱在器物傷二十日正限外餘限十日内、不為析敘。又擬流後聲明在十月初九日恩詔以前累減杖徒。恩詔字不票出、亦不可以赦等字代之、只票照例累減、

減等單簽條中、擬恩詔累減、用准其字、不用照例字、以恩詔非常例也、此又因不票出恩詔字、以照例字代之、似不若准其字為準、

如係回民、票減等發極邊烟瘴充軍、

劉㯶玉依擬應絞、著監候、秋後處決、餘依議

劉㯶玉毆傷李奇崟至保辜限外身死、著從寬免死、照例累減杖徒、餘依議

說帖　查本内劉㯶玉毆傷李奇崟、越二十七日身死、刑部將劉㯶玉問擬絞候、聲明保辜限外、減流、累減杖徒、請旨。臣等核與兩請之例相符。限外本向票核與歷辦成案相符、此照本且累減不可云歷辦也

是以照擬票寫雙簽進呈、伏候欽定、不用票擬雙簽字。八年十二月十一日

何鉦大何俸苟俱依擬應絞、著監候、秋後處決、餘依議

何鉦大依擬應絞、著監候、秋後處決、何俸苟毆傷蔣沅春至保辜限外身死、著從寬免死、累減杖徒、餘依議

傷死蔣成旺等之何鉦大等絞候、何俸茍一犯、聲明保辜限外、減流、累減杖

徒、請。旨、雙簽說帖、

說帖　查本內、何俸茍毆傷蔣沅春越二十三日身死、刑部將何俸茍問擬絞

候、聲明保辜限外、累減杖徒、請。旨、臣等核與歷辦成案相符、除傷

死蔣成旺之何鉦大照擬票簽外、於何俸茍一犯、照擬票寫雙簽進。

呈伏候。欽定　九年十二月初六日票

易。。云應去減等字樣。、十年閏月二十一日、

敘簡、

例、即丁乞三仔之案。明晰。詳。略。以避複、

敘簡只以兇犯字括之。十五十七亦與年長四歲以上之例未符、

。。。依擬應絞著監候、秋後處決、餘依議、

。。。著從寬免死、照例減等、杖流收贖杖流收贖、餘依議、

傷死。。之。。絞候、聲明年未及歲減流收贖四字或分或兼照本請。。旨、

說帖　查本內、劉四兒因戲致高大小失跌身死、刑部將劉四兒問擬絞候、聲明該犯年僅十五、死者實係年長四歲、援例減為杖流收贖請。。旨、臣等核與丁乞三仔之例相符、是以照擬票寫雙簽進。呈伏候。。欽定、

說帖　查本內、兇犯張五兒年僅十五、已死之劉氏年已十七、刑部將張五兒問擬絞候、聲明年未及歲減等收贖請。。旨、臣等核與丁乞三仔之例相符、是以照擬票寫雙簽進。呈伏候。。欽定、

刑部雙簽說帖　常犯減等。年未及歲。年老篤疾遵瞽

此帖全刪而義無所取
○此條本內未定減等罪名故用添寫字

此帖將應減原由倒敘在擬罪以前而後不更敘

說帖　查向來年未及歲因戲殺人之犯臣等俱票依擬應絞及減等收贖雙簽進呈今此本內兇犯姜狗孜犯事時年止八歲已死之洪十孜年已十二歲刑部將姜狗孜問擬絞候聲明死者長於兇犯四歲照例聲請恭候欽定臣等核與歷辦成案相符是以照擬票簽外添寫照例收贖簽進呈理合聲明謹奏

○年未及歲命案帖內多用兇犯字括之不出事由死者壯老寫年長四歲以上者添理由逞兇句者○汪增

傷死伊妻李氏之方鳴保絞候聲明年逾八十收贖請旨　○補

說帖　查本內勒死李氏之方鳴保年在八十以上刑部問擬絞候減等收贖請旨臣等核與成案相符是以照擬票寫雙簽進呈伏候欽定

不出事由、但出犯由敘法最簡

鄧坐滸依擬應絞、著監候秋後處決餘依議、

十六年五月十六日、倪添活傷死倪連現一本聲明該犯手拳、足微跛、係屬殘疾、惟罪應擬絞之犯仍應照律辦理。絞候、

鄧坐許著從寬免死照例減等收贖、

傷死張汝之鄧坐滸絞候聲明瘋痰篤疾、照例減等收贖、請。旨、。補

説帖　查本内、傷死張汝之鄧坐滸、經刑部問擬絞候、聲明該犯素患瘋痰、業成篤疾、照例收贖請。旨、臣等核與歷辦成案相符、是以照擬票寫雙簽進。

呈、伏候。欽定

韓二依擬應絞著監候秋處決餘依議、

韓二著從寬免死照例減等收贖餘依議

傷死王文成之韓二絞候聲明瞽目篤疾收贖請。旨、。補

刑部雙簽説帖　常犯減等。年老篤疾廢瞽

此出事由、

票叟添寫二式照本、

不出事由但出犯由、又將減等原由帶敘於前而後用虛說、

律載七十以上傷人未死流罪准贖如殺人絞犯、即八十以上亦只聲請。聖裁、死罪無贖律所以擬票減等收贖回堂定簽、去舊式照例字以律

說帖 查本內因向王文成續姦不允用刀嚇戳致傷王文成小腹殞命、刑部將韓

二問擬絞候聲明該犯瞽目篤疾減流收贖請。旨、臣等核與歷辦成案

相符、是以照擬票簽外添寫照例收贖簽進。呈伏候。欽定、

傷死任添位之張世桂〔柱〕絞候聲明實屬篤疾收贖請。旨。補

說帖 查本內張世桂〔柱〕跛曲蹲地被任添位棍毆因用手冐抓致傷任添位殞命、

刑部將任添位〔張世柱〕問擬絞候聲明該犯實屬篤疾減流收贖請。旨、臣等核

與成案相符、是以照擬票寫雙簽進。呈伏候。欽定、

程瑞海依擬應絞著監候秋後處決餘依議、

程瑞海年逾八十著從寬免死減等收贖餘依議、

言請定未有明文也

年未及歲簽內不出此因限外並及

限外、與未及歲敘案多不析。

說帖 查本內、傷死李長生之程瑞海、刑部問擬絞候、照律聲明該犯年逾八十、恭候。聖裁、臣等核與奏請之律相符、是以照擬票簽外添寫減等收贖簽進。呈、伏候。欽定

此本以未定罪名撤二次刑部送原稿及律來乃擬票

吳應受依擬應絞著監候秋後處決餘依議

吳應受擲傷李氏至保辜限外身死且該犯年未及歲著從寬免死照例減等收贖、餘依議、

傷死李氏之吳應受絞候聲明保辜限外且年未及歲照例減等收贖請。旨、

說帖 查本內、吳應受擲傷李氏、越二十六日身死刑部將吳應受問擬絞候聲明保辜限外且該犯年未及歲減流收贖請。旨、臣等核與歷辦成案相符、

刑部雙簽說帖

常犯減等。限外且未及歲

是以票擬雙簽進。呈，伏候。。欽定

改椿　六行

簡得合法

杜九姐依擬應絞著監候秋後處決餘依議

杜九姐著從寬免死照例減流收贖餘依議

傷死晁劉四之杜九姐絞候聲明救父情切減流收贖請旨

說帖　查本内杜九姐因伊父杜之禮被晁劉四毆傷倒地復欲向毆該氏情

急拾取木椿毆傷晁劉四身死刑部將杜九姐問擬絞候聲明救父情切

減流收贖請旨臣等核與兩請之例相符是以照擬票寫雙簽進呈

伏候欽定

陳氏著即處絞餘依議

刑部雙簽說帖　女犯減等。救親情切。逼姦累減。限外。姦媳拒傷釋放

上二條累減此條直由絞候減收贖

陳氏著改為絞候、准其援免、餘依議、

被夫兄逼姦已成之陳氏絞決、聲明與甘心淫亂者不同、援。赦累減請。旨、增

說帖　查本內陳氏被夫兄賴九逼姦一案、刑部將陳氏問擬絞決、聲明該氏被逼成姦、與甘心淫亂者不同、可否改為絞候、援。赦免罪請。旨、臣等核與聲請之例相符、是以照擬票寫雙簽進。呈、伏候。欽定、

蔡氏依擬應絞著監候秋後處決餘依議、

蔡氏擲傷王氏至保辜限外身死著從寬免死、照例減等收贖餘依議

傷死王氏之蔡氏絞候、聲明保辜限外減等收贖請。旨、增

說帖　查本內蔡氏擲傷王氏、越五十一日身死、刑部將。減等收贖請。旨。

係辜限外、不忍致死其夫二條之外、又一出事由簽式、

邢吳氏一案諭旨未随本進呈、想以本中已錄之故。此案辦理如此、而闕近日有强姦伊媳咬傷手指、而將其媳問擬斬決未聲明邢吳氏之案者、何也。九年十一月十四日

李氏著即處斬餘依議、

李氏猝被伊翁强姦、情急、拒傷、與無故干犯尊長者迥别、著免其治罪、即行釋放

餘依議、

被翁强姦情急持刀拒傷伊翁之李氏斬決、請旨釋放、

説帖　查本内、趙蓮汝强姦伊媳李氏、被李氏用刀拒傷、刑部將李氏問擬斬決、聲明並非無故干犯、可否免罪釋放、請旨定奪。臣等核其情節、趙連汝强姦伊媳、翁媳之義已絶、李氏猝遇强暴、情急捍拒、與邢吳氏一案、欽奉諭旨相符、是以票擬雙簽進呈。伏候欽定。四年八月初四日進

刑部雙簽説帖

出事由簽式

易○○云、三綱不夾簽、與此不同、

○○依擬應斬、○氏依擬應絞、著監候秋後處決、餘依議、

○○依擬應斬、著監候秋後處決、○氏詢知○○謀死伊夫、即○訴伊○獲犯報究、尚有不忍致死其夫之心、○氏著從寬免死、照例減等發落、餘依擬議、

因姦謀殺本夫○○之○○斬候、姦婦○氏絞候、聲明尚有不忍致死其夫之心、夾簽請

○○旨、

説帖　查本内○氏先與蕭雞子通姦、嗣悔過拒絶蕭雞子、獨自起意將伊夫鄧複受毆死、該氏事後查知掯拏蕭雞子到官究辦、刑部將○氏問擬絞候、聲明尚有不忍致死其夫之心、夾簽請○○旨、臣等核與歷辦成案相符、是以照擬票寫雙簽進呈、伏候○○欽定、

刑部夾簽説帖　女犯減等○不忍致死

例辦改歷辦 上三行

說帖

查本内。氏先與張添中有姦，後因不見伊夫轉回倩夫叔查見伊夫在途身死，料係張添中謀害，即告知夫叔捕獲到官，刑部將。氏問擬絞候，聲明尚有不忍致死其夫之心，夾簽請。。旨，臣等核與例辦成案相符，是以照擬票簽外，添寫減等發落簽進。呈伏候。。欽定

連名轉換、前馮原杖流減徒簽仝、原減無留養、

有可否字、所以叟說、其實與單說情節相似、○成甫○○云留養說帖、久不用叟簽、

連名簽帖內應無及亦有專及一條者、

馮復榮著即處斬、馮復花依擬杖流、不准留養、餘依議

馮復榮著即處斬、馮復花著從寬免死、本擬流罪、照例枷責、准留養親、餘依議、

終是量減、此句可用、若照例擬流者、則不可用此句、

此句宜酌、

忤逆毆父之馮復榮斬決、聽從父命忍傷胞兄之馮復花杖流、可否留養、請○○旨、

說帖

查本內、馮復花因父馮斌奎、被兄馮復榮毆打、拉勸不開、伊父喝令接刀砍傷馮復榮偏右等處、刑部將馮復花照刃傷胞兄聽主使下手減等律擬流、聲明該犯親老丁單、可否留養請○○旨、臣等核其情節、該犯救父情切、聽從父母砍傷肆逆罪犯應死之胞兄、其情實可矜憫、且該犯之父雙瞽成篤、繼母王氏現年七十二歲、止有該犯與其兄馮復榮二子、馮復榮現應正法、家無次丁、與聲請之例相符、是以照擬票寫雙簽進○呈伏候○○欽定

道光七年五月初旬、

刑部叟簽說帖

留養○可否叟請○罪名較重○原情無留養

保辜限外不忍致死皆
簽之須出事由者前年
未及歲此親老丁单皆隨
出事由非常式也○用且字

減等請養兩層於部請
敘出最析若擅敘誤敘
只可緩決不得援減須
緩決○次後方准減等與
此不同若敘親情切年未及
歲得減罪者則可仝此敘法

仝一杖流兩刃傷期親罪名則重所以或入单簽或用夾說

李成兒依擬應絞著監候秋後出決餘依議

李成兒毆傷黑學乾至保辜限外身死且親老丁单著從寬免死照例枷責准留

養親餘依議　減等字樣簽内可不票出○女犯簽内遇有減等票出

毆傷黑學乾至保辜限外身死之李成兒絞候聲明親老丁单留養請○旨　三年四月

說帖　查本内李成兒扎傷黑學乾越二十五日身死刑部將李成兒問擬絞

候聲明保辜限外減流請○旨並查該犯之母年已七十八歲照例聲請留

養臣等核與歷辦成案相符是以照擬票寫雙簽進○呈伏候○欽定

繆楊文依擬應絞著監候秋後處決餘依議

誤傷。應減應留作兩層敘凡兩層者帖中或用並查或用既據接入留養或用且字接。大約減留接請者用並查原情非實請減等下接請留養者用既且等字

繆揚文著（舊式不用著字）從寬免死照例枷責准留養親餘依議

傷死徐汝榮之繆揚文絞候聲明親老丁单留養請。。旨　九年二月二十五日

説帖　查本内繆揚文因與徐汝榮堂叔徐時敬爭毆用鎗向徐時敬嚇戳適徐汝榮走至徐時敬背後拉勸該犯收手不及誤戳徐汝榮殞命刑部將繆揚文問擬絞候聲明案係誤傷秋審緩決一次例准減等並查該犯嗣父繆。。年逾七十家無次丁例得留養請。。旨臣等核與随案聲請之例相符是以照擬票寫雙簽進。呈伏候。。欽定

刑部雙簽説帖　減等兼留養

原減留養

第一簽與上式馬復花不同、彼定准擬流、此双請。第二簽與馬復花式亦不同、彼以免死句包流罪未說明減等也。彼留養双請以本内有可否字也、此留養单請以本内有照例字也、

說帖 查本内李志剛。。。絞候、聲明護母情切、且係。孀婦獨子例得留養、臣等。。。增

唐南依擬應斬著監候、秋後處決、餘依議、

唐南著從寬免死、減。等。發。落。渾說 減軍一層 仍。加一字舊式所無 照例枷責准留養親、留養一層、餘依議、

傷死緦麻服兄聲明救母情切減軍之唐南留養請。。旨、本面自擬原票未出明兩層、

說帖 查本内唐南因伊母姜氏被緦麻服兄唐新東揪按拳毆並側坐身上搭

住咽喉、該犯情急趕救用鈀柄嚇毆適傷唐新東顖門殞命、刑部將唐南

問擬斬候聲明救母情切、減軍請。。旨、一層 並。查。又一層 係孀婦獨子、照例

聲請留養、臣等核其情節、與救親情切並。從出舊式所無 聲請留養之例相符、是以照

擬票寫雙簽進。呈伏候。。欽定、

十年六月二十五日周。。票易。。定、。十二年二月二十八日、傷緦麻尊長餘限内因風身死減軍留養一本、祝。。去減等至仍照六字照舊式

易〇〇駁審單簽
説帖二式。

依議。

弟殺胞兄原題擬斬決罪名無出入而未敘出有心干犯句駁審。

服制人犯問擬斬決駁令聲明是否有心干犯。

顔〇〇式係抄祝式。

此案

刑部雙簽説帖

駁審單簽

駁後又照原揭題來再駁

謀故分別、

故殺斬候分票免複、

依議、

兩簽同用依議相複鹿樵○○曰堂去第二簽依議字曹○○云二簽意同而有輕重、下第一簽則止於駁案下第二簽則刑司員應敘雖同而有異不可去○十二年十二月十八日祝○○囑

部駁甚是依議、

妒姦殺死倪大德之孔富榮斬候駁審、

雙簽説帖、

説帖

查刑部駁審本章、臣等向票依議及部駁甚是、並照擬完結三簽、今此本內、奉天民人孔富榮妒姦殺死倪大德一案、該侍郎將孔富榮問擬斬候、刑部議以孔富榮先被倪大德毆打、已挾有嫌怨、迨復見倪大德與王氏同寢、該犯不語走出、即回屋用刀向戳、自係預謀致死、且該犯已供招妒姦起意、該侍郎牵引故殺之條、殊未允協、駁令另行妥擬具題、臣等核其情節、案關妒姦謀命、未便遽照該侍郎所擬完結、是以祇票依議及部駁甚是

毆傷伊夫○○之于氏等、
分別斬決絞候駁審、

鬥謀分別、

敍每簡留議地、

雙簽進○呈伏候○○欽定

說帖
查刑部○○○今此本內吉林民婦于氏等毆傷伊夫劉添桂身死一案將該軍等依毆夫致死本律問擬斬決虞義忠依共毆律問擬絞候刑部議以虞義忠與于氏有姦姦夫姦婦串通一氣助勢逞兇而於本夫則視若仇讐難保無因姦預謀情事駁令提令提犯復鞫臣等核其情節罪名大有出入未便遽照該將軍所擬完結是以○○○

說帖
查刑部○○○今此本內奉天府旂人蔣廷榮毆死戴存一案該侍郎等將蔣廷榮照擅殺律問擬絞候刑部議以蔣廷榮見戴存夜蹲伊家槽邊固屬疑竊有因但牛驢纏繩是否係戴存所解並無確據且屍母有伊

補改鞫 上五行下一行 駁改駁 上五行 提令字應刪 上五行

擅殺死戴存之蔣廷榮
絞候駁審
病竊疑似

子有因瘋跑出之供又屬是病非竊律以擅殺殊未允協駁令復鞫具題

臣等核其情節是病是竊案涉疑似未便。。。

無一筌字、

前于氏通姦此劉氏病啞、皆從四面求詳、

語言調戲致郭氏羞忿自盡之馬坊絞候駁審、　雙簽說帖、

說帖　查刑部駁審○○○今此本內山東民人馬坊出言調戲郭氏致郭氏羞忿自盡、該撫將馬坊照調戲自盡例擬以絞候刑部議以馬坊調戲郭氏必須將戲語詳細聲敘以為指實之據今該撫並未將當日究係何言聲敘各供內亦未敘入駁令研究明確具題臣等核其情節案情尚有未符罪名亦關出入未便如該撫所擬完結是以○○○

用言調戲致劉氏羞忿自盡之許知均絞候駁審、

說帖　查刑部○○○今此本內安徽民人許知均用言調戲致劉氏羞忿自盡該撫將許知均問擬絞候刑部議以劉氏係屬啞叭該犯難保無手足勾引情

刑部雙簽說帖　駁審聲敘未詳

十五年九月初三日余○○槩
弟殺胞兄有心干犯連三
傷與適傷不同一本原題
未出有心干犯句駁令另
題易多云情節少可用
依議单簽與此不同

事且用何言調戲未經聲敘駁令詳鞫具題臣等核其情節案情殊屬含
混未便如○○○

罪犯不符、中有別情、
駁審却非因此

援其因謀而誤之情、

誤殺尼勒喀保之雅拉岱斬候、駁審　雙簽説帖、

説帖　查刑部。。。今此本內、雅拉岱誤殺尼勒喀保一案、該將軍等將雅拉岱照殺人而誤殺旁人律、問擬斬候、刑部議以該犯與格依美通姦後、因格依美相待冷淡、心疑多倫保離間、起意將多倫保致死、因誤傷尼勒喀保身死、擬以斬候、自屬援情定讞、惟稱該犯欲將多倫保戳傷、使伊不能走動等語、既科以謀殺之罪、而錄取鬪殺之供、殊屬自相矛盾、駁令另鞫具題　臣等核其情節不符。。。

刑部雙簽説帖

駁審。供擬矛盾

犯擬不符、與前有別情者不同、

男子拒姦傷死郝老二之張二則斬候駁審、雙簽説帖、

説帖 查刑部。今此本内、山西民人張二則、拒姦扎死郝老二一案、該撫将張二則依故殺律問擬斬候、刑部議以男子拒姦殺人之案、如各當場確有証據、例應以擅殺問擬、即因悔過拒姦、殺死姦夫、實有証據、亦可比例擬斷、乃該撫既稱、該犯悔過拒絶、又擬以故殺本律、殊屬自相矛盾、且檢查屍格傷如鱗砌、似非一人下手、恐趙青桂等亦有同謀致死別情、駁令另鞫具題、臣等核其情節、案情既未確實、引斷亦屬含混、未便。。

搶奪傷死事主張添茂之劉正恩等分別斬決絞候駁審、

説帖 查刑部。今此本内、四川民人劉正恩夏明雄等、搶奪毆傷事主張添茂一案、

刑部雙簽説帖

駁審。犯擬矛盾傷供不符。一准一駁

原擬誠草率部議據駁、彼固無詞、然受重傷後情形不定、惟研鞫實情為允當耳、

該督以張添茂被毆各傷、均係致命、無可區別、將劉正恩照為首例問擬斬決、夏明雄照為從例、問擬絞候、刑部議以張添茂被劉正恩毆傷後、尚能拾石、追被夏明雄毆傷、即行斃命、自應以夏明雄當其重罪、駁令研鞫實情、妥擬具奏、臣等核其情節、引斷既未妥協、情節亦為支離、未便○○○

共毆傷死李枝全之李賡孫絞候、駁審、

說帖　查刑部○今此本内、廣東民人李賡孫、與弟李亞四共毆李枝全身死、李亞四在保病故一案、該署撫將李賡孫照共毆人致死下手傷重律、問擬絞候、刑部議以李亞四先用鍬鋤背毆傷李枝全右肐肘、復用鋤口劃傷李枝全致命腦後、所毆各傷、均非輕淺、即李賡孫不復向毆、亦難保其傷不致

此亦未必確當，兩引例則
合用心則厚。

一准一駁。

一准一駁之件，如有應准之
人，兩部議未加除○○云云者，
亦即照本稟依議，乃（改）部駁
甚是，二簽不必用○○一犯之
式。十四年四月，河南僧人寂
煥謀殺二命一案，寂煥一犯因
所殺恐係偷竊罪人，駁審其
加功之張四兩擬絞候，原題出

死，今李亞四於取供後在保病故，正與餘人毆有致死重傷，在獄監斃，准其抵
命，將下手應絞之人減等擬流之例相符。該署撫將李賡孫仍擬絞抵，殊未妥
協。駁令另行妥擬具題。臣等核其情節罪名出入攸關，未便。

秦老三依擬應絞，著監候，秋後處決，餘依議

秦老三依擬應絞，著監候，秋後處決。秦老二一犯部駁甚是，餘依議。

格殺死拒捕罪人黃志騰之秦老二絞候駁審。　道光元年十二月十三日

說帖　查刑部。令此本內秦老二、秦老三戳傷黃志騰、黃火生各身死一案，該撫將
秦老二依擅殺律，秦老三依鬬殺律，均問擬絞候。刑部議以黃志騰誘拐秦老
三之妻鍾氏嫁賣，本屬罪人，秦老二幇同伊弟秦老三往捕，黃志騰持刀拒捕，將

刑部雙簽說帖

罪名、部議未除去、予以張
四兩罪名無可更改、用寂煥
一犯云云式易。。改

秦老二額顱劃傷、秦老二奪刀回戳一傷適斃、與罪人持仗拒捕格殺勿論
之律相符、該撫照擅殺律擬以繯首、引斷懸殊、駁令另擬再議、臣等核其
情節、以律應無罪之人擬絞、出入懸殊、未便如該撫所擬完結、除傷死黃火
生之秦老三、照擬票簽外、於秦老二一犯、擬寫部駁甚是簽進。。呈伏候。。欽定

謀死字上、原有因姦二字、童〻云莫下断語、又云去此二字、下姦夫二字無根、

義字童〇〇添、

本内、先續戀姦情熱云〻、用且字接言武氏前無殺夫之心、續姦回家甫及十日云〻、此段作一層敘、

謀死本夫趙發玲之武氏等分別淩遲枷杖駁審、

説帖〇〇〇今此本内、安徽民婦武氏謀死本夫趙發玲一案、該撫將武氏問擬淩遲處死、聲明姦夫武蘭、並不知謀毒情事、將武蘭問擬枷杖、刑部議以武氏先在義母武杜氏家、即與武蘭通姦、成婚後、厭夫貌陋有疾、時相吵鬧、回至母家、復與武蘭續姦、托武蘭代買土信、搽頭藥虱、所餘信末帶回夫家、甫及十日、即將趙發玲謀毒致死、顯因戀姦情熱、姦夫姦婦商同謀斃本夫、謂非同謀實難憑信、杜氏所供買信藥虱、係聽該氏等支飾之詞、不足為據、駁令細鞫妥擬再議、臣等核其情節、案關生死出入、未便遽照、

此句添

此二句自後移前

此二句原在中移于結處

刑部浭簽説帖

駁審〇情節可疑

一准一駁、本面祇出駁條、

汪旺淋著即處斬餘依議

汪旺淋著即處斬、春芽一犯部駁甚是、餘依議、

因姦致姦夫汪旺淋謀殺死家長汪德洋比例絞決、駁審、　雙簽説帖

説帖　查刑部。今此本内、安徽民人汪旺淋、因與緦麻服叔汪德洋之婢女春芽通姦、謀殺死汪德洋一案、該撫將汪旺淋問擬斬決、春芽比照子孫犯姦致祖父母父母被人謀殺例擬絞立決、刑部議以春芽係汪德洋婢女、因與汪旺淋通姦、致汪德洋被汪旺淋謀殺、律例内並無奴婢犯姦致家長被人謀殺與子孫同科明文、且奴婢與子孫名義雖同、而出身微賤、與子孫之虧體辱親有間、衡情核斷、似應酌量減等、駁令另行妥擬具題、臣等核其情節、案關

刑部雙簽説帖

駁審。比例不合。一准一駁

生死出入、未便如該撫所擬完結、除汪旺淋照擬票簽外、於春芽一犯擬寫

部駁甚是、簽進。呈伏候。欽定、

史千小子依擬應絞著監候秋後處決何玉保一犯部駁甚是餘依議

謀殺死胞兄何成武之何玉保斬決駁審　雙簽説帖

説帖　查刑部。今此本內。。民人何玉保等謀殺死胞兄何成武一案該撫將何玉保問擬斬決史千小子擬絞監候刑部議以何成武調姦繼子之妻本係罪人何敢屢次逞兇毆罵且兩次俱係何玉保經過勸解何以相值如此之巧至何成武憑空向何玉保捏姦汚衊該犯既隱忍未較何忽於次日糾毆誠恐該犯與史氏果有曖昧情節陽託為激忿之言陰挾其妒忌之計雖罪名同一立決而案情輕重相懸駁令另行研鞫妥擬具題臣等核其情節案情未確罪名出入

刑部雙簽説帖　駁審。案情未確罪同情異。一准一駁

皆研堂

攸關，未便如該撫所擬完結，除史千小子照擬票簽外，於何玉保一犯，擬寫部駁

甚是簽，進。呈，伏候。。欽定

古字與後銜一頁寫、
古字在印上、

陳雙福、許萬青、俱依擬應絞著監候秋後處決餘依議

行竊拒捕刃傷事主之陳雙福絞候等因。

許萬青買贓衣。件、陳雙福被獲解縣、許萬青恐伊供出買贓被累乃聚衆奪犯、唱散官役未經傷人擬絞。本及帖黃內未將許買贓情節敘清、惟查律載下有恐被供出買贓一句、聲敘未悉。撤、

年月後銜未經另扣書寫。撤。十年五月十六日

刑部
撤本

秋審

依議、增

朝審應行事宜、內載嘉慶二十四年。。。諭旨、敘九卿會勘、截至七月十五日期等語。九年四月二十五日、

刑部秋審招冊銀兩、

辦理秋審板片等項、

依議速行、增

朝審派御史查班、

知道了冊留覽、增

進朝審秋審冊、

舊式、有此二式、祝。。式有有旨句、却在科本中。按在旨後則著此句、在旨前則應無此句、再問。易。。云旨後亦應無此句、

本皮
。。省秋審可矜。犯、

朝審秋審清漢字招冊、

這情實人犯今年著停止勾決、

停勾、

這情實人犯今年著停止勾決已有旨了、　十一年十月停勾、票此式、部本、本面與勾到年同、

這情有可矜官人各犯。。。依議免死減等發落餘依議、舊式有等字、

秋審
可矜人犯、一人票人犯不止一人票各犯票出。簽語官犯與各犯同、

十二年秋審本内有一犯、係殺死不順之妻、而情節較慘、奉○旨監禁二年、再行減流者、貼黄宜與他犯並請減等、祝○改票仍照前旨監禁二年、再行減流甚妥、

十二年秋審奉天緩決本内有張氏因姦謀殺親子劉瓶兒滅口、將張氏緩決永遠監禁、本内將張氏入

這情有可矜各犯○○○依議免死減等發落○○○○准其再○減○一等餘依議、

這情有可矜各犯○○○依議免死減等發落○○○不准再減一等餘依議

秋審可矜人犯、再減雙請名、

本内再減有可否字様、如無只用第一単簽○再減之犯仍全出

道光三年以後、再減者、不用雙簽、雖有可否字亦用単簽、近式再減者前減等處不出名、

這情有可矜人犯賈坤准其再○減○一等餘依議、

秋審可矜再減人犯、八年九月○再減字、應票出、然向無票出式、

這情有可矜○犯○○○依議免死減等發落○○○准其再減一等、餘依議、十年用此式

舊式作俱仍

○○○著仍緩決、舊犯、俱著監候緩決、新犯、

於各犯内、本尾之末、又加張氏永遠監禁一句、祀。查前式將各犯内張氏字抹去、移入簽末云、張氏著緩決、仍永遠監禁。按本尾有永禁一句、貼黄内無之、所以原票只、將張氏入各犯中、票緩決、不如改式周詳、

秋審緩決各犯、舊事官犯票著仍緩決、省分宜在前、十年八月二十四日本皮。慎刑事

舊式無俱字、又式不用從寬句、徑從照例字起、
〇〇〇俱從寬免死照例發落、准留養親、承祀、餘依議冊留覽

秋審留養承祀各犯、。本内有行查者不票出、歸餘依議、

朝審同、

四周係俱出名、請留養承祀部議不准者、
〇〇〇俱著監候、緩決、〇〇〇著從寬免死、照例發落、准留養親、承祀、餘依議、冊留覽、
此處有仍用俱字式

秋審緩決、留養承祀各犯、。又有不准留養、而無入緩決字樣者。成甫。曰既無緩決字、不可照舊式票擬、以將准者票出、不准者歸餘依議爲妥。八年九月

依議冊留覽、

秋審留養承祀各犯行查、

舊、新、應入、應改、大約同列一本、則仍票冊留覽、如專有舊事情實、則去留覽句、

似應添此一句、

這情實（官／各人）犯。。著覆奏冊留覽、舊事無冊、舊事有案由、逐條開列於新事前、舊事緩決者、則不開列事由。近式竟於實字下、接寫犯名、不用各人犯字、若官犯、須酌。有冊票有冊字於本面、

秋審。。省、情實各犯、服制情實各犯。。非服制、非官犯、有寫常犯者、簽內不出服制字、仍票這情實、服制獨寫欽奉事、常犯寫慎刑事、

這情實。。。。。。官犯。。著照例覆奏、

朝審情實。犯、

知道了、

刑科（初／二）覆奏、今覆奏一次、此簽不用。本內敘乾隆　年。。諭旨

著候勾到、

刑部　秋審

秋審。省情實。犯服制情實。犯覆奏、。票某人等朝審同

這所勾。。。。著即處決、舊式用俱字、近不用、。。。。著牢固監候、

這所勾官犯。。。著即處決、官犯票出。。。。著牢固監候、

這所勾。。。。著即處絞、又式

各道請勾決、

這官犯。。。。著牢固監候、

請勾官犯本中無。。予勾者、

二條再查問。

勾到班，查明是日○省人犯，先期照副本原簽，備寫草簽，將新犯一應人名，寫訖（至著即處決句○海注）將舊事人犯寫在著即處決句後（倒不予勾故○原決）俟硃筆發下，照本刪滅塗改（新犯不勾者，改寫於即決舊犯後；舊犯聞勾者，改寫於即新犯前○舊條備不用）

（海注）其（新犯應注）不勾者，移之於尾（倒不予勾舊犯之後○海注）加著牢固監候句（此句亦可預寫○海注）最爲省便○本內如有因瘋殺人者，

加著永遠監禁句（此須于先期看本時留心，成甫○○屢屢諄囑，此條可添於牢固監候後○預寫○海注）此條最要看明○查對犯名，偏旁同音誤筆，須二人互校○愚泉○○記。

如有臨時奉○○特旨永遠監禁及遇○○赦不赦字句，照○○旨票寫○增

三法司知道。

朝審決過重囚起數。

十年十月二十四日。

當日監斬官題票○○○等。

官犯○○○永遠監禁。

刑部 秋審

宗人府秋審簽。○增、

知道了、

宗人府人犯、應加情實二字於人字上○式未見。初二次覆奏

著俟勾到、

宗人府人犯三次覆奏、本尾將勾到本交稽察宗人府御史進○呈等語、故添餘依議、乾隆二十九年堂定刪去、

這情實官犯○○○○著照例覆奏冊留覽、

宗人府情實官犯、○以上三件俱单清字、

○○依擬應絞、著監禁空屋、餘依議、

宗人府勾到本、

是日陝甘福建廣西三省本

如有因瘋之犯、須添著永遠監禁句、

○○著監禁空屋緩決、

○○著　固空屋監候、

宗人府緩決監候人犯、

宗人府勾到本、照朝審勾到例本出不論勾未勾俱交該御史捧出宣○○旨後送閣票簽進○呈、

巳丑十一月初四日票勾到本前一日備簽式、

常犯、陝甘

這所勾○○○○○○○新犯、覆奏本中原列於後移前、著即處決、○○○舊犯、覆奏本中原列於前移後、著牢固監候、道本下新犯皆勾舊犯未勾、

寫本日照本、

九年十一月初四日、○○等照本、

重囚事、照本此二字係定式

服制、陝甘、

這所勾、舊式備簽、不寫此三字、直從舊犯第一名起、舊犯在前、不似常犯簽將新犯移前、以多不予勾故也、服制多不勾之故今年末一名陳遏來子特予勾、謀傷死伊父之犯、○○著即處

決、道本下句陳遇來子。。。。著牢固監候、以本中無因瘋之犯、未加永遠監禁句、道本下。。特旨將新犯第一名劉茵、永遠監禁、遂問清添寫於後　劉因著永

遠監禁、二句係道本下現添、。劉茵名寫於前者塗去

九年十一月初四日。。等、照本　重囚事、

官犯一名、陝甘千揔因宿娼踢死隨役兵丁。。備二簽、

這所勾官犯米兆祿著即處決、

九年十一月初四日。。等、　重囚事

這官犯米兆祿著永遠監禁、牢固監候係舊式、今年奉。。特旨米興祿著永遠監禁照改、

九年十一月初四日。。等、　重囚事

朝審勾到、不出名常式。。十三年十一月初四日、

因十二年，興桂出名，滿票簽，必欲將興桂出名，予意亦搖，易。。定用餘字，少頃監斬本到，奉旨云餘著云云，乃塞異議，予對易。。云票法動與古會。事由向俱寫朝審事，滿票簽以為不可易，予以本上柱語乃處決重因事定用重因字，易。。亦云。

這所勾官，不出名。奎。福。韋。著即處決，餘著牢固監候，舊事桂興一人未勾。

官犯情實，

這所勾人犯著即處決，餘著牢固監候，

常犯情實，

朱十等著牢固監候，不全出名，以第一名連等字該之。

服制情實，

奉特旨因出名式，十一年

黄泳著永遠監禁，旨

齊重義因瘋傷人著永遠監禁，

奉特旨須出名因並出名式、○十二年

○○○○○○著牢固監候、○○著永遠監禁、上數人原可不出名、因末一人奉旨永禁、須出名、故並出名以分別之、

服制情實、

只一犯不勾須出名式、十二年、

這官犯興桂著牢固監候、既一人他無予勾者、不能云、這○犯著牢固監候、故出名、

十三年十一月初四日晚記

工部

單簽

依議

降罰應不出名之負。○增

核銷河工併各項工程。○增

江寧省修理河船用過工料銀兩核銷

派大臣修理取租官房用過銀兩准銷。○增

浙江省修造戰巡各船用過工料銀兩核覆

修理鹽池。○增

工部單簽

江南山安廳屬搶鑲新埽工程用過銀兩報銷核覆

河東河道錢粮報銷核覆

估計河工並各項工程。增

江南蕭南廳屬築做壩工估需銀兩議覆。准辦理

浙江温州等處修造戰船估需銀兩議覆

用過架木。增

江南中河廳屬啟閉塡工用過銀兩准銷

甘省臬司修理監獄用過工料銀兩減銷

修理貢院。增

修理官房用過銀兩准銷。○增

山東海陽等縣修理礟臺各工、用過銀兩另冊到日再核。

○省正陽縣建蓋通判等衙署用過銀兩、另冊到日再核。八年十二月十八日。

沿河栽柳、○增

挑挖淤淺、○增

鼓鑄數符、○增

火藥銀兩、○增

北河兵餉、○增

木植變價。○增

工部单簽

此舊事、銀已用過、以有銷有賠、是以通本票議奏、

此錢法堂本原票着察核該部知道者、

南河山肝廳屬四年分堵閉壩檔缺口需用銀兩分別銷賠議覆、九年九月初六日、

福建委辦營用硝斤數目題覆、據咨題覆、通本需知道、無議核等字、是以用題覆字。十年六月十六日、

湖北荊關一年期滿徵收稅銀數目核覆、十一年二月三日。本內聲敘准銷、撥等句、

寶源局鼓鑄錢文收發銅鉛各數核銷、十一年七月二十九日、

派管木廠灰廠街道、。增

收貯軍器、。增

監收木稅、。增

管理寶源局監督、。增

工部單簽

管理錢局照常陞轉、○增

兩窰監督照倉差陞轉、增

琉璃窰監督派員更替、○增

木柴監督、派員更替、留任、○增

木廠監督更替、○增

煤炭監督派員更替、○增

木倉監造揀員更替、

抽分差滿更替、○增

盛京渾河等口抽收木植各數核覆、

未完銅斤銀兩追賠、○增

捐銀留庫應用、。增

全完河銀准紀録、。增

採珠缺額議處、。增

移取戸部銀両備用、。增

採珠多得賞給、。增

山西交城縣徵收木税銀両各數核覆、本内有支給書役銀両准銷、又令報部撥用、故票依議、若但数符則票知道了、。九年二月二十二日、

熱河等處咨取錢粮核銷、。增

山東曹縣等州縣挑浚河道工程估需銀両議覆、内單縣魚台未將舊河形尺丈開敍、駁令聲覆查核、亦不用另冊到日

再核式。九年五月十六日、

十一年三月十八日三陵鹿角木工程減銷一本去是字票依議册併發

山東臨清工關徵收程銀核覆、十一年十月初七日

浙江省前任甘肅狄道州牧陳沅應追修理監獄核減銀兩議覆、未將寄居地方有無寄頓取結不准請豁。九年二月二十二日

湖南省原任福建臺灣噶瑪蘭通判高大鏞建蓋城樓等項核減銀兩議覆、

無力追豁銀兩、。增

有子捐中書科中書賠項不准請豁、。九年二月二十日

司員試俸年滿、。增

是依議、

三陵歲修工料錢糧、十五年五月一日、永陵福陵工程木植用過運砍等銀內稱修墊銀二千餘兩無庸議、票依議、。增。嘉慶二年三月二十八日、。有册加册併發四十七年四月二十三日進修。。。永陵殿宇估需銀兩一本、票同有核減去是字。。三陵鹿角估需銀兩票同、。增

依議册併發、

工部单簽

此在體制分別

彙題各省修理城垣已未完各案、

浙江仁和等縣修理壇宇用過銀兩減銷、有冊。八年十一月十六日 冬至。按減銷有冊

撥運川省火藥核減、。增。乾隆四十一年四月十七日、

本尾繕造黃冊、恭呈。。御覽、俟發交臣部之日、將核減銀数於副冊注明云云、原票留覽改併發

。九年二月二十二日、盛京製造火藥減准一本、本尾無發交字樣、亦票併發

依議冊留覽、

奏銷內務府光祿寺瀛台中海等處用過銭粮、。增。修理砲車用過銭粮仝、

彙題各省古昔陵寢祠墓修理銀兩准銷數目、八年十二月初八日

有冊。每年十二月彙題、

本首杜語云、各省古昔陵寢祠墓防護無悮事中後聲敘修理未報銷者。案已報銷者三案、

先將准銷数目、恭繕黃冊恭呈。。御覽

依議漢字奏摺併發、

此與下知道了相符，易云查驗大臣以後，非工部自請，以依議爲妥。

修倉應賠勒交。○增

依議速行。

速行修築等工。○增

依議冊圖留覽。

依議。

河道錢粮事宜。○增

孝陵　各陵　神厨、庫房、牛棚、碾棚等工，原估大臣○○查驗大臣驗收

承修○○陵工用過銀兩准銷。○十一年十月二十三日

裕昭景孝各陵。

知道了。

工部單簽

後有。內廷柴炭一條、

三陵歲修估需銀兩票
是依議

上

彙題火器營等處操演火藥等項銀兩題銷。本尾聲明已經彙入月摺奏明在案。十二
上駟院等處咨取各項物件列款請銷。年五月十日、

彙題各營咨取軍需等項銀兩奏銷、四年五月初八日。五年五月十四日、

修理各倉用過銀兩、。增。乾隆四十一年七月初八日、

殺虎口交收木稅銀兩數符、直隸潘桃徵收木稅銀兩數符。仝。增

用過螺炭木柴數目、。增。木柴一條、原票依議乾隆二十六年十一月十二日梁中堂諭改

知道了冊留覽、

陵寢用過錢粮、。原式。增

陵寢歲修各工用過錢粮題銷、陵寢錢粮題銷、。成式。八年十二月十五日、

內廷用過煤炭木柴等項、。增

十一年三月十四日、八旗漢軍修理城樓隨砲器具一本、〻內聲敘承修大臣製辦後、原估大臣查核做法相符、工部查核銀數均符、未有准銷、只言恭繕黃冊進呈、原票依議冊併發。西橋。。改知道了冊留覽。冊有留發单。上端記隨砲器具本章。。用此派員。。式所春票留覽、祝。。及樸園。。皆言宜票依議、冊併發、因前修理砲車專條也。按冊留覽、覽不宜、以此等冊不應留也。至知道了三字則可、以部內未曾著議也、然不若竟用專條為穩。

此等照本非但以京與外分別。

營繕等司用過緞疋數目題銷、此等部中原未著議

派員修理工程用過銀兩、。二百兩以上特題、以下彙題、。開清单者、仍票单併發。增

節慎庫出入錢粮、。有清单無冊者、仍票单併發。增

製造庫零星錢粮、。增。金銀顏料分為二本、

每月用雜項錢粮、本內照光祿寺奏銷、有。。上諭、。增

製造庫修造簾子等項銀兩報銷、。增

東西兩陵歲修年終題報、十二年十二月十八日照祝。。本補

知道了单併發、

節慎庫出入錢粮、单一

工部单簽

各省修城等工、載依議冊發條。

派員修理工程用過錢糧、単一。

彙題直省工程已未完各案、○增○嘉慶元年三月二十八日。

彙題批交該部知道辦過准駁各案、○增○乾隆六十年閏二月二十八日、嘉慶三年四月初四日、

彙題改奏為咨事件、○增○九年四月二十七日、

著察核該部知道、

寶源局用過銅鉛、○票某人等不票工部、○乾隆四十年五月二十九日彭元瑞一本、○增○按户部寶泉局同

寶源局收發銅鉛等項、鑄過制錢發過工料、數目題銷、阿爾邦阿等、○十年五月二十七日、

這抽取木稅著。。。去、餘依議、。增、

這差著。。。去、餘依議、。增、

那彥成著罰俸三個月餘依議、工會吏。、大員處分無夾簽、與戶部同。、梁。。云工部此等本甚少。按以河租歸工部、

直隸霸昌等道屬應徵河淤租銀完欠數目分別查參核覆、。九年九月二十二日、

工部

雙簽、

此案免其造册報銷、

此案著造册報銷、

綏遠城賠修城工已經寬免可否免其造册

乾隆八年三月二十九日。增

三簽

依前議、

工部三雙簽　說帖

依後議、

著畫一具奏、

挑空淤灘挑後復淤、各員請免追賠一摺兩議、乾隆五年五月三十日議覆白鍾山一本。增

著紀録一次、餘依議、

著紀録一次其因經徵河銀未完議以革職之。著該撫出具考語、送部引見、再降諭旨餘依議、。原俱依議裝頭改移於後

經徵河銀未完之。議處等因、雙奩說帖。增

○○著紀録一次餘依議、

○○著紀録一次其因経徵河銀未完議以革職之○○著該撫出具考語送部引見再降諭旨、○○○前経降旨仍以知縣用此案俟補官引見之日該部將革職之處奏聞請旨○○著帶部議革職之案仍留該處効力贖罪

経徵河銀未完之○○○○等議處

三簽説帖○間有處分本章照各部式酌票○增

欽天監

單簽

禮部知道、時憲書式樣、硃筆添様字、嘉慶十二年二月初一日、併發、

進時憲書式樣、此件雖票式樣併發、係該衙門照例辦理、本出科時并無憲書式。二月内進。注增

該部知道時憲書留覽、

進日月五星相距躔度、封印前進、

知道了禮部知道、

日月食分杪、

日月食救護事宜、

日月食分杪先期繪圖具題、並請勅部行文各處、

知道了

四季風占、

八節觀候、○雷占、

日月食臨時具題、半月前再題、

日月食雲遮無占

日月食觀候、此件有密封無副本不出科、交滿本堂貯庫、如遇○巡幸、加說帖、特記○、說帖載後、

地震星變、

進頒時憲書日期、二件俱九月内進、

恭逢。巡幸具題日月食觀候、加説帖、

説帖 查向来日月食觀候本章、俱係欽天監奏明後補行具題、今恭逢。。

皇上巡幸木蘭、該衙門將此本具題到閣、臣等票簽進。呈恭候。。發下、

照例存貯内閣、不發科抄、理合聲明謹。奏、

知道了晴雨日期册留覽、

進晴雨日期册、

宗人府

單簽

依議、增

王公請謚

世襲不准承襲

護軍叅領等准休

承襲後給予誥命、

遵旨議覆事件

賞給輔國將軍○○○應得誥命請撰擬、嘉慶四年三月三十日奕緒一本六年六月初三日祿義一本

宗人府單簽

帶研堂

此條各部院衙門仝、

承襲將軍隨旂上。朝、

請修玉牒、

已襲封貝子明韶請給册 禮部題本、

襲封親王、續經添撰册文、

王等薨逝、照例應給謚號

齋戒推故不行齊集之宗室章京8等罰俸。单清字本、

襲封郡王綿志、應得册印各事宜、十二年十月二十一日、有尘次等字、故有末三字、

屬員試俸年滿、

知道了、

親王少碩字　固山貝子少山字　下六行小字

遵旨畫一票簽俱出名。乾隆十一年十二月初八日、宗人府題襲封奉恩將軍二本、奉旨海存於票簽出名、保罰並未出名、此係一樣事件、竟不畫一、嗣後票簽俱著出名、欽此

彙題四品以下旂職、单清字。秋審簽入刑部秋審條。增

該部察例具奏、

玉牒告成、。道光八年三月初一日奕紹等題。增

知道了册留覽

奏銷宗室覺羅王公官員等領過俸餉銀米數目、。单清字。增

。。著封為和碩親王、和親王、。多羅郡王、。多羅貝勒。固貝子、鎮輔國將軍、鎮輔國公。票式併全

封爵、。增

。。。著襲封多羅郡王、。。。著襲封奉恩輔國公、。全式

襲封減一等、。增

宗人府单簽

○○○授為奉恩将軍、此件向票依議、本内雖有上朝撰文字樣不票、餘依議、乾隆十一年十二月、奉○○○旨票出名簽、本内如有上朝等字、堂定、加餘依議。○增

○○○授為輔鎮奉國将軍、○增　十三年十二月十三日、一本、間易○○牛○○已票依議、祝○○改從此式○单夾内○爵同者合併、

考試宗室考繙譯、馬步射三條分別封爵、

○○○著改為襲封奉恩将軍、餘依議、乾隆二十八年十二月初五日、宗人府題奉恩将軍永俊病故請将第三字春韶所封将軍改為襲封、○增

○○○所考封之奉恩将軍著改為襲封之奉恩将軍、餘依議、

○○○○著授為一等奉恩将軍、○○○授為二等輔國将軍、餘依議、○○○○俱授為三等輔國将軍、○附記

考試宗室分別封爵、本内有封為○○字樣、簽内俱寫授為○○、乾隆三十五年十二月初九日、○增

○○○著襲封奉恩将軍品級、餘依議、○○○封為世子、○增

○親郡王著掌宗人府事、○○補授宗人府宗令○、左宗人、右宗正○、長史○、護軍參領○、佐領○、票式併仝、○增

三字字改子　四行小字

俱依議補授、

題補理事等官、。增

依議用、擬

王公護衛。稽察覺羅子女頭目、。增

著為總裁。著為副總裁、

玉牒總裁、。空名簽、。增

這考試著去餘依議、

考試年滿宗室及宗室文生員繙繹騎射、。增。空名簽。乾隆十一年十一月三十日、

俱著紀録一次、

宗人府单簽

總理。孝賢皇后梓宮奉安之和碩履親王等議敘、。名簽。增

著紀録一次、

管理覺羅學五年期滿議敘、。增

著罰俸。個月餘依議、

遺漏佐領員缺、。名簽。增

宗人府

雙簽、

侯派大臣會同該衙門考試引見、

該衙門考試引見、

親王以下奉恩將軍以上之子年滿二十請考試、○增

○○○不必入八分、

○○○著入八分、

承襲公爵雙請、○增

著與謚、

不必與謚、

公兼將軍等應否與謚、○乾隆八年閏四月初七日○增

大阿哥多羅貝勒薨逝、應否 予謚、請○○旨、十一年四月二十五日

太常寺

單簽、

依議、

移取戸部銀两、十二年七月一日、

知道了册留覽、

祭祀制帛實用（用過）餘存（實存）各數、十五年六月二十八日、

是、

孟冬祭○○○八陵、孟冬○○○各陵遣在○○陵官致祭、○永福昭（昭西）孝（孝東）景泰（泰東）裕昌、

忌辰祭○○○本陵、○○○列祖（后）忌辰現俱改照點單寫簽、○○○孝陵○○端敬皇后忌辰遣在○○○陵官致祭、

太常寺单簽

十三年七月十二日、進○○萬
壽祭各○○○陵一本、七内自
○○福陵敘起、無○○永陵、
倚問云、萬壽祭○○永陵
應於○太廟後殿致祭、本内
例不並列、另有題本、○俟
問、○十五日下、將原留太常
寺之稿底發回、○簽票是
字與此仝、
十四年七月二十五日、又進
此本、祝○○云○○○永陵差
因無居住官、所以不同祭、

萬壽祭○○○各陵、　八月十九日○○○端敬皇后忌辰遣在○○○陵官致祭、○十二年七月二十六日、
十三年十二月祝○○云九本内有夾単、遣大臣行禮則票遣行禮簽、此等遣在陵官致祭無夾
片、則票是字、○又後有依議式

永陵遣○○行禮、

福陵遣○○行禮、

昭陵遣○○○行禮、　三行一簽、○増○、十一年十月十七日祿門○祝○○扁於簽之　寫共一簽三字
防誤寫作二簽也、○繕真時去此三字、

清明歲暮冬至等節祭○○○陵遣員、　照単寫簽、
一本三○○陵用此式、如一本一○○○陵則簽内不出○○○陵、○本面寫○○○陵名、○一本○○○三陵本面可不出○○陵
名、○凡遣員行禮之本、本面之右小字寫照単寫簽四字、○照単寫第一員名、○可不寫単一二字、以
有照単字樣也、

遣〇〇行禮、

〇月〇日忌辰祭〇〇、〇〇〇陵遣員、八年十一月初五日二本、〇九年正月初三日二十九日祭〇〇裕陵遣員、〇照单寫簽、〇不出年號、

各節祭〇〇陵、〇增

冬節祭〇〇陵、

太廟後殿正月祭、〇增

萬壽元旦、

孝穆皇后陵寢、十七月十五日

太常寺单簽

歲暮祭。。。裕陵遣員、

十二月二十九日祭。。。景陵遣員、十二年十一月二十六日、

四月十七日忌辰祭。。。昭陵遣員、十六年三月十八日進、

後殿遣。。。行禮、二行一簽、增

中殿遣。。。行禮、

歲暮袷祭先期告祭遣員、照单寫簽

遣春山行禮、

太后萬壽聖節祭　太廟後殿、十年九月初四日、十一年七月十八日。萬壽一本、

遵旨查致祭先師孔子由太常寺具題例應遣大學士一員行禮兩廡遣翰林官二員分獻。崇聖祠遣國子監堂官一員行禮，如恭遇皇上親詣行禮年分，大學士即在崇聖祠行其四配位十二哲兩廡分獻各員，係臨期由太常寺查開尚書侍郎名单具摺奏派，所有本内原票之翰林官二員，即無庸派遣，本内仍票遣翰林官分獻，係相沿票擬，此次内閣改簽，仍拘泥舊式，誠如聖諭，於體制既協，而名實亦必相符，請嗣後如遣大學士致祭仍照舊票擬外，如恭遇皇上親詣行禮，本内止票朕親詣行禮字樣，其崇聖祠行禮之大學士及分獻之尚書侍郎，俱令太常寺臨期一併開列奏請欽派，伏候訓示遵行，謹奏。

朕親詣行禮，四配遣〇〇〇各分獻，十二哲遣〇〇〇分獻，崇聖祠遣〇〇〇行禮。

四配字下，舊式有位字。增

奉旨親祭孔廟。

朕親詣行禮。

親祭孔廟

〇〇〇年遵旨改簽止票五字。

遣〇〇〇行禮，兩廡遣翰林官二員各分獻，崇聖祠遣〇〇〇行禮。

丁祭孔廟。

照单寫簽。

遣〇〇〇行禮，後殿遣〇〇〇行禮。

後殿字接寫不抬式。祝〇〇

太庙後殿，另行抬寫云。高〇〇

十二年七月十七日。

太常寺單簽

學研堂

關帝誕辰五月十三致祭、照单寫簽、

祭○○文昌廟、

遣○○行禮從壇遣○○分獻、

祭朝日壇、照单寫簽、○九年正月二十二日、朝日壇一本、無從壇句、十五年二月初四日一本、亦無從壇句、

祭夕月壇、

遣○○○行禮兩廡遣○○○各分獻

祭歷代帝王廟、照单寫簽、

嘉慶丁丑奉○○旨，朝日壇、歷代帝王廟，俱票単簽，夕月壇故事，遇辰戌二年，単請，道光二年太常寺堂官面奉○○諭旨，祭夕月壇，每年俱票擬単簽単請，不拘定辰戌二年，○近於此三祭，仍照本票単簽，如右式，若本內有単請及夾片內有恭代字者，方票単簽，式載後単簽條。

遣○○○行禮。

簽與忌辰祭○○○陵文同。

祭各壇廟。

照単寫簽○朝日壇○太歲壇○關帝廟○誕辰要出後殿前有式○城隍廟○火神廟○東嶽廟○玉泉龍神廟。

祭各祠廟。

雙忠祠○旌勇祠○顯佑宮○黑龍潭○目俱增

萬壽聖節祭　都城隍廟。十二年七月十九日。

遣○○○行禮兩廡，遣○○○各分獻。

與帝王廟致祭簽文同。

太常寺单簽

太歳壇、照単寫簽。三皇廟寫兩廡字、壇寫殿壇字、壇寫分獻去各字。十年十一月廿九日太歳壇一本、照本寫兩廡字、照此式不用各字、易ゝ添各字文江。本亦有各字。十二年十二月一日一本、用各字。本内稱兩廡

遣　堂官単内寫隆勛連貴二堂官名、出名票、

三皇先醫廟、各壇廟俱有雙請単請式照本酌票

遣。ゝ後祠兩廡著太常寺派員分獻、。原票派官、後改。增

祭昭忠祠、照単寫簽

遣。。。

雙忠奬忠褒忠旌勇各祠、照単寫簽、

嘉慶二十五年、奉。。旨不用行禮二字。自昭忠祠以下。嘉慶二十三年、奉ゝ旨除昭忠賢良祠無庸夾単（又一単非常夾名単）外、其餘各専祠、於名単外另繕一単、注明係某人之専祠。十五年七月二十六日一本、另単注明奬忠祠、係福康安専祠。本皮寫又単一

遣○○後祠遣太常寺堂官一員、去行禮二字、

祭賢良祠遣員、照○○點单寫簽、點字、

遣○○視牲○○看牲、夏至○○大祀視牲看牲遣員、九年五月初七日、

大祀○○圜丘方澤祈穀常雩視牲看牲遣員、照单寫簽、○親祭用此式

遣○○看牲、

雩祭看牲遣員、照单寫簽、遣官恭代致祭真看牲用此式、本内聲明、除承祭大員視牲外、請派禮部堂官一員看牲、四年三月二十四日雩祭本、

太常寺单簽

知道了、
歲修工程、。增
十年分祭祀用過錢粮奏銷、十一年六月二十日、冊二添冊留覽、
知道了冊留覽、
。年分祭祀用過制帛奏銷、十一年六月二十五日、
遣。行禮、
祭。端慧太子園寢、舊票依議、道光　年、改行禮爲、孟冬遣園寢官致祭、仍票依議、
依議、

十三年七月十二日進○○
陵字二抬與○○萬壽字
平、

工部○○三陵歲修估需
銀兩、票是依議。○○○陵寢
用過錢粮、票知道了冊

八月初十日○○萬壽聖節遣在○○陵官祭○○孝穆皇后陵、

萬壽聖節、遣在○○陵官員致祭。孝賢（淑）皇后陵寢、○增抄、

孟冬遣園寢官致祭。端慧太子、

移取户工二部銀兩、

宣諭誓戒、

彙題歲修工程用過銀兩冊送工部查核、

属員試俸年滿、○增

依議冊留覽、

各陵寢用過錢粮數符、○增、

太常寺单簽

留覽。酌

知道了冊留覽、

祭祀制帛實用餘存各數、

本衙門奏銷、

彙題祭祀等項用過銀錢、送工部核銷、工部逐款查核、准銷過數目、

此條原稟依議冊留覽、陳劉中堂諭改。增

祭帝王廟定例遣員、乾隆廿六年重修告竣〇〇親祭、是以進請〇〇增

太常寺

雙簽、

朕親詣行禮、四從壇遣〇〇〇各分獻、

遣〇〇恭代四從壇遣〇〇〇各分獻、

大祀〇〇（圜丘　方澤）常雩（可不用大祀字）請〇〇旨、雙簽、单一〇不用照单寫簽四字〇大祀字上添〇月〇日字〇冬夏至〇照本、

朕親詣行禮從（兩廡）壇遣〇〇〇分獻、〇〇皇上駐蹕〇〇直隶遣〇〇行禮、不用雙簽、

遣〇〇恭代從（兩廡）壇遣〇〇〇分獻、

祭（朝日　夕月）壇〇〇歷代帝王廟請〇〇旨、雙簽、单一、廟寫兩廡添各字、

太常寺雙簽

謹研堂

嘉慶二十二年十二月初七日奉○○旨自明年爲始恭遇祭○○朝日壇○○歷代帝王廟俱票擬雙簽欽（內奏事太監傳、增）

此○道光二年太常寺堂官面奉○○諭旨祭夕月壇每年俱票雙請○近仍照本票单簽本內有雙

請夾片有恭代乃用此式

遇甲丙戊庚壬之年雙請○成甫○○記○增

夕月壇辰戌二年例應雙請○丁亥戊子仍照本票单簽○成甫○○記○增

朕親詣行禮

後殿遣○行禮（祫祭簽無此句）東廡遣○○西廡遣○○各分獻

遣○○恭代

○後殿遣○○行禮東廡遣○○西廡遣○○各分獻

四孟（四孟宜敬以○月○日字代之）時享○○○太廟請○○旨（雙簽單○九年十二月初七日易○○屬本面於雙簽字下仍寫照单寫簽四字○十一年七月十五日進雙簽下寫单）

一二字　祈穀壇

一抬易○○云

十三年去秋始享有单簽式說帖夾內

祈稷　祈改社　上末行小字

朕親詣行禮東廡遣。西廡遣。各分獻、

遣。恭代東廡遣。西廡遣。各分獻、

歲暮祫祭。太廟請。旨、雙簽、單一、

朕親詣行禮、。甲丙戊庚壬之年進請。、成甫先生記、增

遣。恭代、

祭祈穀壇、社稷壇、先農壇、太歲壇、壇祠俱有雙簽單簽式照本、

經筵祭傳心殿、有本尾加餘依議。增

朝日壇。增

皇后親詣行禮、

遣妃恭代、

季春吉巳祭先蠶壇請旨、增抄

通政司

雙簽説帖。○增

已有旨了，該部知道。

叅各省通本舛錯過甚。通本雙簽加説帖同進。

該部察議具奏。

糾參誤用題奏本。乾隆二十年十月，叅陝撫柱本誤寫人犯用此式。○雙簽加説帖。

單簽説帖。○增

通政司單簽○單雙簽説帖

該部議處具奏、

題叅賀本遲延、加說帖。賀本仍照例票簽、不更票議處。增

単簽、。增

知道了該衙門知道、

江南道彙題各部院所領三庫銀緞等數目、各部院支過米豆年終彙題同。都察院本本條亦載、

該部知道、

題叅軍政案內舉劾合為一本、

依議、

屬員試俸年滿、各寺院同、

大理寺

依議、

右寺丞試俸年滿請實授、

大理寺○太僕寺单簽

太僕寺、

依議、

屬員試俸年滿、

均齊兩翼馬羣分等照例賞罰、

國子監、

單簽

依議、

典簿試俸年滿請實授、

該部知道、

舉行選拔

該部議奏、

國子監单簽

教習外藩陪臣子弟、

該部察議具奏、
糾叅屬員、

理藩院

單簽

依議、

擬遣人犯議駁、

偷竊人犯照例發遣、

台吉打死屬下議處、

郡王等子弟年已及歲賞給台吉銜、

請給親王冊封、。郡王仝、

番僧進貢馬匹折價賞給、

理藩院單簽

進貢馬匹香枝照例交各衙門。各作該、
承襲台吉塔布囊。此件乾隆十一年議定只票依議不書名。男爵同、
各處承襲達爾漢字樣、
承襲後請給。誥封、
承襲世職、
賞給年班來朝王公、
進貢番僧賞給緞疋、
番僧輪班進貢、
遣官致祭、

光禄寺、

單簽

依議、

屬員試俸年滿請實授、

移取題請支領户部銀兩、十年十一月初二日例無副本、再查、

該部詳察具奏、

寺庫各項銀兩、

知道了册留覽、

八年分彙總錢粮數目、九年三月二十三日、○有册、

光禄寺单簽

每年彙總奏銷錢粮、

正五月分動用錢糧數目、○九年三月二十三日○冊二

每月用過錢糧、

每月支存錢粮、

奏銷牛羊數目、

恭送○梓宮供桌銀兩、

通本式。

順天府单簽。增

該部知道。

進春。

舉行鄉飲。

進鄉試題目。二三場票清。

預題繙譯鄉試事宜。何淩漢等。本内。稱清字論。請欽命繙譯題考官。提順天府於出場後恭進。十五年九月二十八日考試。十六日預題。各本無式

祝。式如此。順天府此本作為通本。票何淩漢等。其餘應亦當作通本。

揭曉。

進題名録。

順天府单簽

進鄉試録、
耤田稻黍恭納神倉、
筵宴、
一產三男、

該部議奏、
節孝請。。旌、

該部察核具奏、

修理貢院、

文武鄉試錢粮、

修先農壇、

製辦耕耤器具、

孤貧口糧、○增

該部察議具奏、

糾叅屬員無議處字樣者、

該部嚴察議奏
糾叅屬員請嚴議者

據奏〇〇〇知道了該部知道
奏報籍田嘉穀

内務府、
單簽、
依議
蠶宫絲斤交納織造處、蚕事告成絲斤恭交織造處。十五年六月二日一本。式亦入禮部條下、此本請旨旨字寫於後銜幅上、傳問云、舊式如此、如有二行、乃移後銜、觀々本記甚詳、
知道了該衙門知道、
註銷、無副本、

内務府单簽

翰林院增

單簽

著以原銜充經筵講官、該部知道、

請點講官、二員加俱字。空名簽、

著署經筵講官、該部知道、

著以原銜充日講起居注官、

阿克敦管理掌院學士請補講官、空名、

皇太子講官、以原官充補、空名、

著署日講起居注官、空名、

翰林院单簽

請補講官、

該衙門察收、

庶常散館恭繳○硃諭、

○○○授為翰林院修撰、○○○○○俱授為翰林院編修、○鼎甲進士授職、○增、

○○○俱授為翰林院編修、○○○○俱授為翰林院檢討、○庶常授職、○二條亦入吏部单簽、○增

依議、

新選庶常分別清漢書、

都察院

單簽

依議

御史試俸年滿、屬員試俸年滿。俱增。

遵旨議覆事件。增

保題俸滿筆帖式。本尾俟命下移咨吏部註册。增

議處吏部官員。增

傳送片文遲誤之吏部候補筆帖式官保議處。罰俸。六年十二月八日。

失察家人倚勢逞兇之吏部員外郎善慶降俸。十二年二月十四日。

十年十月十七日戶科
請　去著字

知道了、
稽察缺主及年滿書吏、○增、
刑科秋審情實人犯覆奏、又入刑部秋審條中、○增
○○○著協理京畿道事、○舊票調補協理京畿道監察御史、○近改、○增、○亦入吏部单簽
該部知道册併發、
京畿河南道照刷文卷、○票某人等、○增
照刷文卷繕册進○呈、未寫有册字、○十年十二月十二日
○○○著補授○科掌印給事中、○增
○○著掌京畿道事、○增

道光二年、禮部議覆柯成條奏考繙譯請添監試一本仍照舊四員以至公堂監試二員滿漢旗點名

○○著掌河南道事、○增

○○著掌著京畿河南道事、○增○惟此二道請署票此式、○增

著○○署理、○請署科員○各道請署仝○增○、上五條亦入吏部单簽條中

著○○○監試○○○○點名、○二條有单請者照票

考試繙譯童生、○空名○乾隆三十八年戈源奏添派點名御史○增

稽察正黄旗漢軍旂務著○○○去、

稽察○○旗○○旗務開列請○○簡、○滿蒙漢同、○本後開列不另夾单、

稽察○盛京事務、○增　稽察銭局、○增　稽察滿洲火器營事務、○並仝○增

巡視○城著○○去、○增

都察院单簽

署查又式、

不出事不分察查又式、

御門改簽、○○○著再留任一年。乾隆四十年五月初一日西寧一本增

巡視河東、兩淮、長蘆塩政、浙江塩政兼織造事務著○○○去。增。巡視臺灣仝、

巡視○○○開列請○簡、

著○稽察右(左)翼前鋒統領護軍統領事務、○四十四年三月檔。署查仝。查倉御史有故接查併仝。增

稽察/署/接查○○○開列請○簡、

署查○○○旗務著○○○去、○有署查字樣，用此式。增。滿蒙漢仝、

著○○○去、

乾隆四十五年十二月十四日，進查正白旗事務，並署查右翼前鋒統領事務二本，堂定改歸一律，票此式。增

著○○○專司稽察一年旗務、○四員。增

知道了該部知道、○增

歲底并兩月註銷各司坊竊案、

五城彙題承緝已未獲各案、。內有吏部查取職名字樣。

年底彙題五城竊案、山東道、

京畿道等彙題難結事件、。票某人等、均無難結事件、各部各省、。十五年十二月十五日

每月註銷事件、。部則票該部、十三衙則票該衙門、俱係科道註銷之本、票某人等、

吏科等科彙題難結事件、。票某人等、

知道了該衙門知道、。增

彙題各衙門支領三庫物件、。乾隆十三年條奏始有此本、

知道了該衙門知道、

易○○云、此須分清部衙及有尾無尾、○九年二月二十九日票五城註銷一本無參奏、

五六兩月五城送部事件、○十二年七月二十九日、

彙題各衙門支過米豆、○以上二件俱係江南道彙題本、票某人等、不票都察院、

五城辦理事件註銷、此條票都察院、○本面只寫五城註銷字、○十一年六月二十九日一本添審辦事件四字、

五城審送刑部事件　○兩月一次、與科道本不同、

知道了、該部衙門知道、其部衙門逾限情節、吏部察議具奏、○科本有尾票式、○按其字下部衙等字可省、

知道了、該部衙門知道、其逾限情節已有旨了、　道本有尾票式、

參奏註銷逾限事件、○註銷本有參奏者、科本內添票逾限情節云云、與道本照應、史中堂定、加說帖陳中堂諭、○俱增、

知道了、吏部知道、其遺漏逾限情節、都察院察議具奏、○科、

此條與通簽全式

知道了吏部知道其遺漏逾限情節已有旨了、道、

吏部註銷逾限、○增、

知道了該衙門知道其三旗叅領等逾限情節該處察議具奏、

知道了該衙門知道其逾限情節該管大臣察議具奏、

内務府註銷逾限、○内務府註銷無副本亦票該衙門知道○乾隆四十八年九月三十日

該部察議具奏、○增

糾叅科道○照刷文卷題叅遺漏、八年十二月十三日、

○○著議處具奏該部知道、○增○不止一人則用等字出首負名○又增

都察院雙簽

題叅司坊官員、十年六月廿日○、道光二年六月叅外委○○等疎防亦票此式、此本會同步軍統領、○增

這所叅○○著革職其○○○情曲交與刑部嚴審定擬具奏該部知道、

巡城叅司坊等官、○增

這所叅情節著都察院審明具奏、

巡城叅佚補人員、○增

這所叅佚爵著議處具奏該部知道、增

叅奏○○○　十三年十二月圓明園疎防一本票與通叅疎防同、○○等著○○○○○

該部議奏、

保題司坊官員、引○見升轉○增、

新例不及四月之員、一體聲明寛議請○旨○成甫○○記○增○道光四年六月廿五日進本十一年九月○日吏科指叅一本俱違限不及四月票從寛免其云云本後又有○負其違限月日尚須行查陳○○再餘依議該部知道式

該部察議具奏、　雙簽、　票某人等、

這所叅到任遲延各官、其違限不及三月者 俱違限不及四月 從寛免其察議、

餘著察議具奏、該部知道○增○違限四月外察議請
餘著議奏該部知道 本内違限四月以上之員行文查明另行叅
餘依議該部知道○無違限四月以上之員
餘依議○增

廣禄著罰親王俸三年、允禧泰斐英阿俱著罰郡王俸三年、嵩椿著罰公俸三年、

允陶著去（銷）親王紀録一次、仍罰王俸一年、註於親王紀録抵銷、恒魯著銷去公分内紀録一次、仍罰公俸一年、餘依議

玉牒失火議處、○有○○改簽、

陪祀不到不行詳查之王公議處、未抄簽○增

都察院雙簽

单簽、

雙簽

巡察揀選、

停止巡察、

内升外轉、

停止升轉、

科道告病兩提、摘叅到任違限、入吏部條、

著○○○署掌照本寫掌字、福建道照本不寫御史字、○○○署照本不寫理字江西道○○署江南道事務、

福建等道御史員缺、開列請○○簡署、三道鄭、岳、周、皆放學政、十一年八月二十二日、

吏部

該部知道、

奏。旨保舉引。見、。增

盛京議敘主事。試俸三年期滿、

署。通判。不諳河務掣回、蕭碭通判孫同琨、。嘉慶三年二月初七日、。注增

官員在途告病未經到任、

降補官員未經得缺告病、

布政司服滿起復、

臬司交代清楚、

該部知道

十一年正月二十七日周之琦一本

領到。教書　請給、恭繳、

廣西土州州同員缺請。簡補、　聲明無員可補、

屬員迴避、　三年改票議奏五年揚揆胞弟一本、仍票知道、

捐納人員試俸三年已滿請銷試俸、　如非捐班只一年滿票議奏。十一年七月十八日、贛州通判王友沂、係籤選者、本内請銷試俸、並云請實授亦票知道。易。云如以實授為重、則應有朔望講聖諭等語。查此本本内亦有才具明幹云云

回奏試看屬員稱職、

報明復姓、吏名、

赴任官中途患病請展轉限、

革職開復人員病故、

例請展限、

特請允准、不出

以通判請升海州牧、

寬免處分、

十一年六月二十五日江督陶本、

各官謝〇〇恩、

京察、開復、兼銜、留任、

文武大臣謝〇〇恩、

代題謝〇〇恩、

補授〇〇謝〇〇恩、

議復條奏可否施行

卸事起程日期、

出境〇注增

該部知道

榮研堂

榮昌令終養遺缺歸部選。○增○五十九年二月十三日。

並無逃官朱荃、○增

接印到任日期、任事○增回署、

交送撫篆日期、九年五月二十六日、

護理篆日期、九年四月二十二日、

交送總督印務日期、十一年二月十七日、楊可平○○本、

學院報滿、

保題幕賓名數、○學政○四年三月二十三日汪志伊本○增

邊俸期滿撤回内地、如有保題陞及給咨引○見字樣、票議奏

彙題委署丞倅等官、○十三年起○注增

該部知道

戶部

遵奉。恩旨蠲緩地畝錢粮數目、此條有票議奏者隨本酌票。

豐鎮廳徵銀請核、○九年改。○增

陝西撫提各標廠地並無坍漲陞除

古州等屬輓運新疆各鎮營兵米並無私折等弊

塩綱並無舉劾各員

塩政題報並無私塩變價銀兩、無銀数　若有銀数票察核

並無贖鍰、此條近與贓罰銀兩合為一本

並無應追虧空銀米

批解戶部塩課銀兩、十一年六月初四日。○增

該部知道

撥解會試卷箱等銀、
司道交代驛站錢粮、聲明無支存銀數。有銀數票察核、
撥過兵餉數目、
江蘇撥解曺工銀兩改解。工、
解過河工銀兩、
撥運漕白全單、
移解織造採買絲斤動支銀兩、
浙江織造辦絲動支銀兩、織造銀兩請於地丁內動支載議奏條、
新疆備用綢緞、

十二年二月十三日、廣西藉穀請出陳存新以糶價為祭先農之用一本照此

雲貴總督通本不需票出題報收明湖南等省銅本銀兩、八月九月

閩省功加人員給過半餉銀兩於奏銷案內另冊報銷、○增

盛京生息銀兩、

撥解會試銀兩、

藉穀變價、有數目仍票察核。數目、大約是變價支銷本也、○十二年二月十三日

並無開墾屯田、○增

墾過田地有陞科字樣票議奏、

墾荒各弁故、○增

鑪關仍飭蔡廷弼接管、本內有一年期滿仍請保留字樣、四年二月二十七日、○增

該部知道

議奏、知道、酌量分別、

閩海關報滿、

請續修漕運議單、○總漕題○三十二年二月初十日進

交代驛站錢粮、聲明無支存數目無從察核、有数目票察核

委員採辦滇銅、

盐綱行過事跡、有册加册併發

耤田稻黍交納神倉、

揚關委員接管、○本内有慎重稽查仍委接管字樣○三年七月二十九日戴華齡一本、○增

各關稅務委員接管、○接管關稅向票議奏近改知道、

武昌關廠稅務委員接管、○九年十一月初十日

顔〻云以供〻〻三陵之用是以不票察議極分明

海關接護關篆。〇增〇嘉慶元年九月十一月二年十二月

盛京官鋪盤查保題

奉天彙報私刨人參照例完結。〇增

奉天搜獲私參斤數

盛京奏銷紙張價 禮部用過紅心紙張數目全〻各題各部本面只寫用過紙張等數。〇九年三月十七日梁〻〻改

開帮起運漕糧 數目。日期。〇增

糧帮進倉全竣數目 漕白

借給回空糧船銀兩

盛京禮部等部用過紙張各項數目

該部知道

解銀日期各本中有數目甚詳、分批委員某月日起程、一一具詳、勘因日期並及數目、且係奉部文委解者、故票知道、不用察核式、

餘租銀兩解部起程日期、○九年三月初九日

委員解銀日期

委解盈餘銀兩日期、○增

委員起解户部捐監銀兩塩課日期、

委員協解各省銀兩日期、○增

撥解塩課銀數日期、○浙江本、○解部庫銀四十餘萬、○十年閏月二日

收到銀兩日期、

收明江西撥解兵餉銀兩、貴州題、○

收到浙省撥解兵餉銀兩、○十六年五月十一日雲南題、

此與題估票議奏相似

湖南省撥解貴州兵餉起程日期、本尾雖有銷冊等字樣仍票知道。增

寶廣局委員採買廣西白鉛起程日期、雖有脚價銀兩數目因俟後造冊報銷只票知道。雲南收銅本銀仝此

湖廣省遵例　題軍械錢粮馬匹、。四十五年十二月初四日。增

委解物料日期、

運庫應解河工銀兩委解起程日期、

委員採辦硝斤領銀起程日期、

糧船開行。行抵。回空日期、出境補　過淮過臨抵通。注增。過江日期。漕船尾帮過濟日期。增

封閉煤廠窑、。無煤可採已令封閉該省領照繳銷無可議者、

士民捐輸積穀有数目票察核。增

該部知道

本内數目特詳並無日期聲明冊報日期耳梁○○云所重在此。

安慶等府州漕糧完兑開行數目日期、事、十年四月初九日。杜語云完兑開行

漕糧徵運開帮數目日期、内數目甚詳、有日期。河南通省。十一年二月十三日。杜萬

漕粮徵運通完開帮日期、

閘外漕船開兑開帮日期、山東題。内數目極詳。有開行日期。十五年三月十九日、

秋成分數、

麥收分數、

秋禾被水情形

薊州被水田畝遵○○旨蠲免錢糧數目、○增

進茶、

進秈米、

十四年五月二十四日德州編審軍丁數目加冊併發、

該部知道　說帖

倉場題倉差報滿、無錢粮數目不請敘。有數目請敘入察核條、

各省編審軍丁數目、

編審案内登覆部查欵冊、

倉場彙題監督任滿毋庸保題、

陝西營兵借支接濟銀兩分季扣還彙題、

廣東各廠竈缺徵未復課銀。增。十五年二月初八日、

彙報竈地秋禾被水頃畝、十一年五月二十二日、天津塩政報滄州等州縣水旱一本内有請緩徵云云、票議奏、

彙題請免分賠銀兩現候部覆各案、

彙題追獲贓贖銀兩貯庫、。有已未完者、票察核。增。

彙題各官錢粮無虧、

報已未成灾分數、加具說帖

說帖查向例各省灾賑本章、臣等量其緩急、分别票簽、上年長
蘆灶地被水偏灾、業經。奏報欽奉。恩旨在案、茲據該盐政
那蘇圖、將續經查出盐山等縣場、已未成灾分數具題前來、臣
等查該場地應蠲應緩錢糧、經該盐政聲明另疏會。題、此本
祇係續報頃畝分數、並無應須辦理之件、是以祇票該部知道簽、
進。呈理合聲明謹。奏

如本内有辦理事宜，票該部速議具奏，如已奉。旨速議過而本内有辦理事宜，票該部議奏。

。票速議者亦先經奏報。

該部知道

會試此等本票知
道了、武會試同、

禮部

盛京考試助教請。。發試題、

領到。。頒賜書籍、

應得監生俟年滿入監、

請。。點試差、

進題名録、順天鄉試府尹兼尹題本、武鄉試同、

進一二三場題目、

進繙譯鄉試題目、

鄉試筵宴、

該部知道

鄉飲、

選拔、

一産三男、

舉報生員優劣、

外藩告哀、

琉球進貢、

琉球國進貢夷船到閩安插日期。十二年十一月初十日

岷州番僧進貢、

以歲作科送闈、

進春、

新設武官、

奉天八旂節婦民數、

莊浪報恩寺達賴喇嘛循例進貢、五年一次陝督具題、

請頒勅書、亦入兵部吏部、

奉到。。詔書日期、遣誥日期、

張。。還山修職日期、

入闈監臨日期、出闈仝、

揭曉日期、

揭曉後事宜、謝。。恩筵宴　順天鄉試、京尹題本同、

該部知道

耕田日期、

貢使入關出關日期、出洋日期頒賞、

印信糢糊請換、

越南國差官回國開行日期、

鄉試闈内並無懷挾等弊由十四年九月十七日山東本、

實在数目入察核條、

兵部

操演旅順營官兵、盛京本、

安插風漂番民、

盛京三年一次查驗軍械、

軍械無虧、錢糧馬匹同、

盤查左右兩營軍器等項無虧、本内軍装、器械、馬匹、鉛藥、並稱錢糧支放無虧、委員盤查云云、錢粮無數目、故以柱語軍器字加等

字該之票知道。九年三月十一日。

未經填用郵符奏銷、

洋面出哨統巡分巡官員、

該部知道

題署委署之分〇十年
六月初四日記

本升補、旂人丁憂、先升署
玆服滿換劄、梁○○云可入
知道條、

並無紅毛船隻到關、

軍政二年半並無應薦効人員、

並無假冒兵丁、

邊俸期滿撤内地、再查清、

廣西右江鎮總兵三年俸滿調回内地、

職員因公漂没外洋會回、

委署副將、部本升署副將、出名、出缺出省分、某府某標、一一皆詳、此乃委署、俱不須出、只以此四字括之陳琴山云〇十年閏月十二日記

奉天承管佐領接印、

○○○升署○○都司○○○服闋請換給實授劄付、十年閏月顧○○本

年底彙報協領兼佐領、

進武鄉試題名錄、此件無副本。十一年十月十七日
十五年十一月二十七日一本　有副本、

武闈揭曉日期、

揭曉後事宜、謝恩筵宴、

發遣風漂番民回國日期、

更換駐防哈密回營官兵日期、

官兵回汛日期、

委解象隻起程日期、

官兵出海遊巡日期、

該部知道

造竣金州戰船委解開行日期、
請頒勅書、撥設移駐各營。亦入禮部吏部、

刑部

踈防越獄武職於一月内全獲、

塩犯全數拿獲

熱審減等、

收領發遣為奴人犯、

並無逃犯、

彙報滿營並無遣犯脫逃、十二年三月初六日

彙題滿營逃人投回日期、十二年三月初五日、

拿獲私打鳥鎗人犯、

該部知道

彙題越邊偷挖人參照例完結等案、各十一年四月二十四日、

彙題逃人數目、

彙題審結軍流等案、

熱審並無減等、

並無衙蠹贓私、

奉天彙報私刨人參照例完結、

彙題逃人數目、

部准留養、

照本、十年五月初十日、

彙題監斃人犯非死罪者、

彙題旂人犯竊削除旂籍、

彙題軍流人犯完贓減等、

彙題僉發人犯、

彙題留養奉部准行各案、流犯留養、

前已請養流犯現在飭查及查明各案、十六年二月二十八日吳○○本、

彙題過失殺人等案、

彙題咨准誣告反坐等案、

彙題軍流咨結等案、

該部知道

帶研堂

十年五月五日、盛京一本無
審擬咨結字樣只聲敘
軍流各犯数目彙題、

彙題審結軍流徒犯案件、

彙題私入圍場人犯、

彙題追獲贓贖銀兩貯庫

有已未完〇〇〇〇稟察核、

彙題減等軍流咨釋各案

彙題造賣賭具各案、

有議處議敘〇〇〇〇稟議奏、

工部

題報河堤修竣、

蓄水濟運、

自備資斧修造工程、

修築河渠等工並無淤塞、

該部知道

覽卿奏賀知道了該部知道、

各督加尚書銜恭賀○○萬壽表。長至節同、○○太后聖節同、

知道了該部知道、

各撫賀表、此本於○○聖節九月二十八/九日送閣、初二/三日進、

吏部知道、本籍督撫題報者、加○○縣現任○○字。如丁憂有與例不合等由、酌加議奏字、

文官丁憂病故、咸縣令曹謹丁本生母憂。本內聲明降服治喪一年、無丁憂字。八年十一月二十八日、憂故本內附參不取結、加餘著議奏句、載附參條。隨題應補者仝。道府憂故缺請補本內有例應由部請旨簡放字樣、

兵部知道、

○○○○副將丁憂委員接署、

知道各式

題報丁憂病故出缺而本缺係請旨早經補放有人者、須將原旨寫在已有旨了之先、不可遺漏一字、若首府遺缺補授者、仍票知道議奏。增

先錄旨意、末加知道議奏句、皆先奏後題之本、九年十一月初六日、湖北安陸守任鄖佑俸滿赴京、至山東告病、山東報部、部內推選趙植庭、十一月初四日奉旨趙植庭著仍回刑部郎中之任、所有安陸府員缺、著吏部另行銓選、而湖北者於初六日題本到閣、又

武職丁憂病故。總兵服滿、憂故本尾隨題應補人員、加餘著議奏句、載附題條。九年二月廿五日副將病故本內聲敘委員署理、只票知道、不加議奏、以委署非題署也

武官憂故出缺請補聲明請旨簡放、

道府員缺著補授已有旨了該部知道、丁憂病故者末句用知道、若告休告病終養之缺、則末句用議奏、各本若出缺之由先已題過、則末句仍用。九年十二月十四日自記

本面寫旨意、此係特奏上諭簡放有人者、

如本內有例應由部請旨簡放字樣、仍票吏部知道。四年七月十八日雲南臨安府李肆頌病故奉旨簡放企善用此式、尚未簡放故無從錄旨、非報告病告休故不票議奏、

補授（人名在前）道府已有旨了該部知道、

督撫專摺奏請補已奉硃批照所請行、

已有旨了該部知道、

請補方長慶咸甫〇〇謂此雖與先奏後題不同然以票出旨意爲妥梁〇〇云旨意係駁人非留缺仍票議奏爲妥童〇〇又云然終票議奏一句咸甫〇〇屬予云若票議奏本面須寫出任〇〇告病以告病原須議也初八日又檢其本内稱出缺扣留前已題明在案因亦未改本面只寫候補知府〇〇云云

距籍五百里之順德同知〇〇請迴避先經直督奏調保定同知奉〇〇硃

批照所請行。加具説帖。

〇〇〇准其開缺回籍調理所遺〇〇〇員缺著〇〇〇補授已有旨了該部知道。

此奏摺中〇〇旨意已及告病與復用情由者所以不票議奏。〇梁〇〇言

〇〇〇補授〇〇〇道已有旨了該部知道。人名在前 知府

此與前專摺奏請之式同。〇因他案〇〇〇特旨簡放者。皆人名在前。亦用此式。〇文江〇言〇十二條十年十二月二十二日記

十四年十月廿五日謀殺本夫張之珍之已故業氏淩遲仍戮尸一本顔〇〇兄云加功之楊六被候

可直票核擬一句。簽後仍用此舊式。

三法司知道。如監斃戮屍一犯外尚有斬絞罪犯。則票三法司知道。餘著核擬具奏。〇十一年九月十五日記

十五年五月初一日盜犯放火爲首斬候已歸越獄案内從重定擬奏辦。從犯擬軍。票三法司

知道。餘著該部核擬具奏。

知道各式

已戮屍者、票知道、請戮屍者、亦內稱將屍淺埋看守云云、則是待部議戮屍似應票三法司議奏、十五年七月件。○覆請戮屍一本、用議奏兩顏。○式記云此等刑部皆咨出、則又應仍票知道

秋審留養、

淩遲重犯監斃戮屍、記、文江云已故而請戮屍者、本內雖有可否字、亦票知道。○十二月十五日

決過重囚、日期、起數。○本內無捻數者、通政司夾单進。○呈照此票、

決過各犯日期、。○十年閏月二日。○雲南、

秋審人犯數目、

秋審新舊各犯、緩實共一本、。○十年閏月四日盛京、

秋審緩決各犯、有黃冊加冊併發。○票出某省

秋審情實各犯、本內注語、多用欽奉慎刑字、若停勾之次年、題上一年緩實之本、則用注語有循例飛催等字。○十六年三月十五日記、

秋審服制情實各犯、

秋審留養承祀各犯、有冊不票出。○如已入秋審補請留養、票該部核議具奏。○以上舊記。○十年閏月二十四日江西吳撫一本、聲明將留養人犯。○名逐一細核、擬以緩決、摘敘案由、俱以應

此二條再查問、

知道各式

請緩決結尾仍票留養各犯。。擬。。定以將應緩決者留養也本首備引留養各。。諭。。十五年五月二十四日、江西一本、、皮寓秋審留養擬緩決各犯、

官犯補入情實、

秋審案内五次緩決分別減等、　總數加人犯字、

斬絞犯在監病故、　票名。。已於秋審予勾者加具説帖。。今不用説帖。。十三年二月二十六日記　斬犯、絞犯數名者票出彙題字。。照本。。十年閏月二十四日

朝審決過重囚起數、　十年十月二十四日、　監斬官具題票。。等、

官犯永遠監禁、

盛京題宗室托莫爾歡仍入情實、　十二年三月初六日李。。本、

這所報過淮糧船著沿河督撫鎮道等官撥兵防護速催抵通該部知
道、
各省糧船初二三次過淮日期、
據奏黃運湖河桃汛水勢循軌安流各處工程修防平穩重運遄行
前進知道了該部知道
四月報南河桃汛水勢、
據奏桃汛水勢已過黃沁兩河工程俱各平穩知道了該部知道、
四月報東河桃汛水勢、

此等亦照本增減

據奏黃運湖河伏汛水勢情形各工平穩知道了該部知道

七月報南河伏汛水勢、

據奏黃沁二河伏汛水勢情形各工平穩知道了該部知道

七月報東河伏汛水勢、

據奏秋汛水勢已過黃運湖沁兩河工程俱各平穩知道了該部知道、

十月報南東河秋汛水勢、運沁等字照本票、

據奏秋汛水勢已過南北兩岸工程俱各平穩知道了該部知道

九年十一月十二日照本票穩固字、。梁子囑改平穩字、

十月報秋汛水勢、

據奏直屬汛水安瀾工程穩固知道了該部知道、

知道各式

直隸河道水勢安瀾工程穩固情形、穩固平穩等字照本

據奏秋汛水勢安瀾海塘穩固知道了該部知道、

浙江海塘穩固情形、

吏部

該部議奏、

台灣令張○○五年俸滿、本内無保題字、

各官請調升、

各官患病乞假　此與吏兵部議奏酌、

屬員迴避、亦入知道條。四年三月伯麟一本、

官員因公溺斃請卹、

揀發人員請署請補、題署為署若委署則歸彙題載知道條、

截取舉人年老請改京銜、

貴東道于克襄俸滿請實授、十年九月初七日、

題請實授、捐班銷試俸入知道條、

土司承襲、

年未及歲之土司請署、

捐建書院之高淳令許心源等分別請敘、此部本、誤寫於此亦可備式、九年二月

承追全完請議敘、

江華縣捐輸修建銀兩至千兩以上之王登武請敘、湖南、十年八月十七日

歲內通完河銀各官請敘、八年八月糧道李象鵾催徵全完請敘、稟察核具奏以有銀米數在前也

造報遲延已經革職、

奉天遴選補放監督、擬定正陪給咨送部、

失察私鹽有公出等情、

鹽引全銷請敘、此等皆兼吏戶、

山東漕粮交卸全完請敘、十一年十月初四日、

浙海關請委員接護、本内有遴選更替字樣、

苗疆俸滿請留任、十三年二月十日。本内稱政績未能卓著、未便保薦、

題請各官以升銜留任、

盛京戶部請吏銀庫郎中、

彙題佐雜咨補、

該部議奏

盛京驛站監督差竣無悞請議敘

盛京中江税務差滿擬定正陪給咨引見

捐地贍族請議敘

墾荒議敘

完銀開復案内職名遺漏聲敘

失察私塩有公出等情如無公出等情票議處載知道條

彙題承緝命盜案犯未獲各職名

畨役賍銀

請豁請撥捐給動支
等項俱有數目，莫誤
票察核。

户部

查明江西運丁。。等宗支分别軍籍民籍、

貴州撥還存貯銀兩、

淮安衛屬屯田請照民上下二則科征、係請减則、四年

贓銀無力完繳請豁、十六年四月二十六日、

應追官項無力完繳請豁、各項銀兩同、

江蘇吳縣永義堂捐置義田應蠲銀米各數請豁、九年四月十九日。誤票察核、琴山。改

遵化等處供應。。陵工等項銀兩請撥、

易州供應。。泰陵負役俸餉等項銀兩請撥、薊州同、

該部議奏

直隸本籍題、

十二年二月十三日廣東場員收塩缺溢分數處敘照此

塩茶廳供支兵糧不敷麥石請改撥、

供應寧夏各營兵馬等項糧石不敷請改撥、

登答部覆民欠並無捏報並無産絶請豁、

已故甘肅漳縣令賈炳應賠軍火等項銀兩人亡産絶無可著追請豁十年五月十八日、

減歇月糧請給、

場負收塩盈絀分數請議

〇〇等場産塩缺溢分數、內有請議請敘字。十一年三月初六日。鄭〇本

應需草豆請於司庫給買、

織造銀兩請於地丁内動支、織造辦絲動支銀兩、奉知道。、七年九月初九日、

誤粟窖梗、○琴山改○本內○○縣請收本色○○縣請折銀每石折銀若干、例應預題、

虧空產絶請援宥、

無著虧空著落賠補、

給過青海王公台吉俸銀緞疋等項請撥

中倉內倉監督請換、

建設養濟院收養孤貧口粮請捐給、

年額應支各款銀兩、款項太多、用其總目、耗羨項下不敷請協撥、八年九月、

歲耑錢糧請於司庫撥給、

○鞏昌府屬應完民欠未完官役俸工銀兩奉免請撥、八年九月

河南應解臨清等倉本折銀兩照例預題、後四字、琴山增、○九年十二月十五日、十年十二月初六日、河南一本、仝此照粟、

該部議奏

甘肅驛站預報次年應需銀兩、

盛京請領次年緞布紙張等項、

奉天戶部領取下年俸餉緞疋、

○○等州縣米豆不能圓整、

各省查覆開墾地畝並無升漲等由、陝西各標廠地並無坍漲升除載知道條、

散賑倉穀按年捐俸解司、

江夏等州縣被灾撫䘏需用銀兩、貼黃內有放過用過字樣數目亦詳、又有統俟事竣報銷云云、本內有共需銀六十○萬云云、涉於兩可、祝○定

票議奏花○○云應票察核、終用議奏、○十二年二月二十八日、

開捐加征米石、

請增茶引。

採辦火藥。

江京兩旗營制辦火藥估需銀兩。估票議奏，銷票查核，非題銷故去數目字

都綱襲替。

直隸武清等縣墾地徵粮數目。内開征粮自三年為始，於十四年補收云云。○十五年三月二十九日。

墾地升科。本内有墾地○○共征丁銀正閏銀○○應於○年入奏錢粮為始呈送察核亦票議奏。五十九年二月。○四年二月。

預期估撥倒馬價銀。預○估○各營應需公費銀兩。○十年二月十八日。○山西本

富陽等縣開墾田地。本内云荒田沙地 升科已升科 款冊。貼黄無款字，本内有之。○十年八月二十八日。

山東省請丈量湖泊茭草地畝。

該部議奏

江寧等屬五年分丈勘洲田内有增減銀數

請免升科限期、

夏津縣修築民埝估需銀兩登覆、原估、經部駁、再題聲敘無可删減、並聲明實用過銀數、以憑題估更正、仍票議奏。九年二月十三日、道光

條陳漕政事宜、

應解臨德二倉本折銀米照例預題、

勘明。。等處積年被淹地畝應徵應免田粮、

勘明。。被衝地畝粮租請開除、

截留漕運、

豁免浮粮、
彙報竈地水旱頃畝應徵錢粮請緩、十一年五月二十二日
錢粮帶徵、
糧船上閘遭風漂没請豁等因、本内将淹死舵工等請恤云云。十五年六月初九日
錢糧請豁、
地丁銀兩次年併銷、
降俸完解、
請以丁銀撥入粮内、
請蠲免地丁錢粮、

該部議奏

直省陞科地畝銀兩欵冊、原票察核、嘉慶十一年改票議奏、

江蘇等屬十年分陞科地畝銀兩欵冊、原票察核、十一年七月十八日進襄陽衛屯田欵冊改議奏、

普洱鎮兵丁額糧不敷請買備、八年十月、

彙題無力完繳贓銀請豁、十年閏月二十一日、

按季彙題豁免贓銀

年裏彙題贓銀無力完繳免追、

遵查〇〇〇需用銀兩、非題銷應票議奏、誤票察核琴山改、九年九月、

陝西延綏鎮屬各營請製帶缺軍械需用銀兩遵查聲覆、九年十一月初二日票、誤票察核文江改、

又文十五年二月二十八日山西撫鄂順安一本，與此同，本內敘前一年收貯以備支用云云，俟後報銷云云。

十二年九月十四日浙江被災田畝，前已題，茲勘明分數，又題票察核，載察核式內。

預估各營公費銀兩　十二年三月初十日山西題定的事

盛京各屬承放參票連年足額官員請敘

山東齊東等州縣衛溢完流抵正賦銀兩遵查登覆　十四年十一月初四日

本內敘實在奉旨以後文到以前，例准流抵云云。

災賑捐緩各欵數目已奉旨速議過者　乾隆十一年回堂酌定，加具說帖。

說帖

查向例各省災賑本章，臣等量其緩急，分別票簽，上年山東臨清等州縣被水成災，經該撫前後奏報，欽奉恩旨賑恤在案，茲據

該部議奏　說帖

該撫和寧、將勘明成灾分數分別蠲賑各事宜、具。題前 臣等
查係遵。。旨辦理之件、是以祇票該部議奏籤進。呈理合聲明
謹。奏、

遵。旨蠲緩錢粮類目。蠲緩錢粮聲明另疏會題、俱只票該部知道。、已支過領過賑
恤銀米題銷票該部察核具奏

勘不成灾之縣場請緩徵

說帖 查向例各省灾賑本章、臣等量其緩急、分別票籤、上年長蘆所
屬青縣等場秋禾被水業經前任塩政題報在案、今據該塩政
玉慶將該處應徵課銀題請緩徵前來、臣等查係遵。。旨查辦
之件、是以祇票該部議奏籤進。呈理合聲明謹。奏、

禮部

壽民婦請○○旌。部本。則分別逾百歲。未及百歲。

荊州士民捐建考棚。

保舉賢良方正。

請增生員名數。

節孝請○○旌。十年二月十八日陝甘孝子尚愷與節婦范氏同一本。

被人圖姦未成羞忿自盡之本婦請○○旌。因圖姦之人已死是以票議奏。

考試筆帖式并試卷進○○呈。

○○○請入祀鄉賢名宦。

該部議奏

官生回國、

年滿官學教習一等、

請鑄給土官印信、

移駐改設請換鑄印信、模糊請換載知道條、

廣東三江協副將請換給。敕書、本內左翼鎮今改為南韶連鎮云云、本皮不出。十年三月十九日、

委理副將、入知道條、琴
山云暫署票知道、題署
票議奏、

三人互調其根由於督
標遊擊人地未宜是以
只出正定遊擊名、

兵部

陣亡官弁之子請襲世職、或添發標學習、

署理佐領、駐防世職佐領請署、

○署理佐領事務佚佐領○及歲時再行辦理、

記名領催補放驍騎校、

保送藍翎侍衛、

分發守備遵○旨甄別、十三年三月十三日雲南銅仁協守備楊榮邊俸年滿一本七內稱與報滿例符、以引見未滿三年不送引見、

鎮溪營遊擊周濟成邊俸年滿保題給咨引○見、十年六月初四日

正定○○○遊擊郝永奏請調補督標後營遊擊等因、十年十月十七日

該部議奏

正定遊擊調督標宣化遊擊調正定督標遊擊調宣化三人對調互調、

○○俟年及歲承襲世職、

世職○○年已及歲發標學習、前已准襲、食半俸、兹及歲學習食全俸、九年二月　日

世職學習期滿送部引○○見、斥革世職○漢世職在營試用年滿

請撥驛站、

改造軍器、

請將候推衛千總發標効力、

請添設官兵、

邊俸報滿保題、

保題候升於升班間列故票議奏若俸滿撤回內地則票知道○十四年八月廿八日記

題補年滿千總、
病痊守備看驗、
考驗新推守備弓馬平常請勒休、此與知道部㕘劾條兌看、
題請調補升補官弁、
請補副將、浙江嘉興協、
軍政大計請展限期、
武職二年半荐舉、㕘劾載知道條、
右江鎮總兵三年俸滿擬定正陪引見
改用外海水師試驗期滿、本内聲明已經奉旨改用著發往試驗人員、

該部議奏

估發官兵俸餉、

暹羅國被風船隻其貨物於浙省發賣、

年逾六旬之蒲州協副將劉進仁准保留 原票漏首句末句作保題留任、童改、八年十二月初二日、

預保官弁 十年六月初七日福建守備、

貴州銅仁協都司額勒金保等預保 十一年五月二十六日、預保遊擊二名守備十五名、預保事、

升署漢中城守營都司原守備鄔正龍俸滿請換給札付、十一年八月初三日

都司等病痊請起用給咨引、見、十一年八月十四日、吳、本

推陞廣東化石營都司蔡昌齡病痊請起用給咨引、見、十二年三月二日、安徽本、

世職錢恩培請以本職頂戴作為文生員應試、十二年十一月十七日、

遭風漂没兵弁請卹，十四年八月二十一日。

戰船在洋遭風擊碎請造補等因，淹死等兵賞卹。十六年四月初八日。

該部議奏

十一年十月十一日，累減杖責一本票議奏，易○○定

刑部

監犯宋○○瘋病痊愈請矜釋承祀，新改核議具奏。

誤傷死伊母雷氏之王端星自盡毋庸議，改票三法司議奏○十五年三月二十九日。

應斬絞人犯已故毋庸議，

按擬杖責等罪，道光元年三月改票核擬○八年　月仍改票議奏。

輕罪先行發落，

人命重案請俟首犯緝獲到日扣限審擬，

命案另獲正兇，

承緝逃人已未獲各職名，

十四年七月廿一日、張氏悔
過拒姦殺死楊兆姓照
擅殺減等、杖決流贖一
本案核擬、易〇定

遣嫁不從致伊媳趙氏含羞自盡之張氏杖〇贖〇本婦請旨旌 十年四月初九日、

虧挪銀兩監追限滿未完之巳革井陘令鄧炳綸篤疾應得徒罪

照律收贖、十年五月十八日、

彙題發遣人犯三年無過、

彙題造賣賭具各案 無議處議敘票知道、

盛京將軍等題

工部

盛京殿廟宇更換龍毯

拆造戰船應需銀兩動給

循例造補船隻

辦解木植

條陳開濬事宜

開採硫磺事宜

運河等屬。年分歲加堤工並無另案搶修之處查明題覆四年四月初三日

題請修理。。。三陵鹿角工程估需銀兩十三年九月初五日

各項工程估需銀兩、估票議奏、銷票察核、

絞犯留養。若緩決絞犯請留則票該部核議具奏須辨、

舊式斬絞人犯病故毋庸議票該部議奏與易。牛。酌改

三法司議奏、

監犯在獄後犯死罪、請即正法。照牛。本。增、

各案審結請即正法、

所以出法司

已經擬絞之犯查明應請留養、十六年正月二十日、斬絞二犯無緩決字樣、照此票周。。牛。改用該部核議式、

所以不再出擬字

已經擬斬之犯監候待質逸盜日久未獲先請將。。即行正法、十二年二月十四日、

獄囚被水沖失復獲絞犯仍擬絞候補入秋審、照牛。。本增

免死遣犯在配脫逃逾五日拏獲之進大請即正法、十四年七月十四日直督本、原票核擬疑應票核議。祝。云應票

三法司議奏、

誤傷死伊母雷氏之王端星自盡毋庸議、十五年三月二十九日、

議奏各式

吏部議奏、

文官告休告病請終養、

患病乞假票該部議奏。未到任在途告病未得缺告病入知道條。武職同

兵部議奏、

武官告休告病請終養、

告休者多因病辦清。九年四月十六日、

先奏後題句、亦未問明、病故休之缺必先奏耶、課○○云必先奏、如到任部事等皆先奏後題者也、又云例應與相應云云不同、不録旨亦辨得去、無碍、若云所以簡放有人之由、不因此本因不録旨則非、又云亦有本内聲明請○○旨簡放前經奏明者、亦看其文意分別録旨與否、○十年二月二十日

8

道府貟缺著○○補授已有旨了餘著該部議奏、告病有異日可用字、故加議奏句、

道府告病已經○○簡放、有本尾故加次句、先奏後題録○○旨、

十年十二月十二日一本甘州守聯昌告病未録○○旨、

童○○易○○文江皆云本因告病未、本尾云至所遺貟缺係衝繁難兼三要缺、例應請○○旨簡放、貼黃則未及此層、此帶及非正請放人可以不録○○旨、予終以為疑、文江又云如病故缺請放人再有以專責成等句、則録○○旨、末句用知道、

恩白云甘州府已放金崇、乃因戶部案降調出缺、與因病開缺請簡放而已放者不同、可以不録旨

十四年五月初八日本荆宜施道錢隸告病本尾稱係（貼黃未及）兼三要缺、應聽吏部請○○旨補放、易○○云此已推與吏部可以不録○○旨、如云請○○旨簡放、則應録○○旨。

倉粮係因本年分常平等倉原票甘省常平等倉粮七年分收支動存各数。徽垣〃改

該部察核具奏、

各關徵收稅銀數目、

私塩變價銀両、無銀数者票知道、有銀数者票察核、

閒款銀両、

存貯閒款銀両各數、有四柱、○十五年三月十九日河南題、

兩淮塩課錢粮奏銷、有冊、加冊併發、

甘省七年分倉糧奏銷、九年五月初十日、○本内聲敘官社倉粮奏部議與常平採買併案奏銷、

兩淮塩課餘平銀両奏銷、

通永道板木船　等稅徵收銀両數目、道光九年二月十二日、

該部察核具奏

歸化城徵收落地税銀、

士民捐輸積穀、

常平等倉積穀數目、

沔陽等州初限帶徵、○年分南粮等項米石銀兩完訖數目、原緩至四年、展七緩至八年、作二限帶徵、初限應徵者完

訖開報数目職名、無奏銷字、九年三月十一日、

奏銷各項錢糧數目、

囚遞口粮數目、

奏銷錢局銅鉛等項銀兩、

私盐船隻變價銀兩、四年六月二十三日、

朋扣銀兩、

解到通濟庫銀兩數目、

坐粮廳收過毛竹蓆片數目、

倉場項下米麥改折全完分數、

裁補官兵馬駝數目、

各處孳生牛羊馬匹數目、隔数年平羣一次、

本尾雖有文內務府察核字樣、仍票該部察核具奏係由部轉咨、

造完子母礮位、

滇屬額徵秋禾穀數、詳請米折兵粮事、

該部察核具奏

十六年三月二十七日丹徒縣請減錢粮一本照此、

各屬捐穀數目、係福建本、○冬間彙報戶部、只有總数。欽奉○上諭事、

吴江縣勘明濱湖坍漲田蕩、本内有應陞應蠲錢粮造冊核題、

請給功加半餉、

養什牧滋生牛羊隻數目、

兵丁生息銀兩、

各處砲位演放火藥數目、

茶馬奏銷、

官屯收貯粮石、

清丈地畝數目、十二年十月十八日二十一日進、○覆山東郯平新城濰縣等縣、清丈五年一丈量成熟芰草地畝數目一本無廾科等字原票議奏改察核、

砲收繳六行

海關盈餘、
場羡銀兩、
裁停夫食曠建銀兩、
盛京徵收葦税銀兩、
盛京監收官莊粮石等項、七年二月初三日、
碾運江蘇賑米請銷、
自理贖鍰
豐鎮寧遠廳徵銀請核、
解直隸有起程日期。嘉慶九年改知道、道光五年仍改察核、

該部察核具奏

本內聲明、俟解到收
清日再報部請核、所
以前稟知道

豐鎮廳徵收牧廠銀兩起解數目請核、內有起程日期、以用請核字、去之。九年二月十二日、

湖南採辦銅鉛數目、

省河湖橋塩引奏銷、廣東本。十年四月二十二日、

各年塩課塩引數目、

祿米等倉放竣

巡幸木蘭經過地方蠲免錢粮數目、

地丁錢粮奏銷、有冊加冊併發。兩本共一冊、同、

部撥餉銀數目、

遵奉。恩旨蠲過錢粮數目、

梁○云。凡河工工程報銷。出屬出縣不必出汎須節錄。

遵奉○恩詔賞賚年老兵民用過物價銀兩。

停減粮船支給減半月粮銀兩。四年四月初四日。

支給捐輸各項銀兩數目。

大興等縣供應謁○○陵需用馬駝草豆各項錢粮請銷。

各項用過錢粮報銷。

考試文生員賞賚花紅銀兩報銷。九年十一月初八日。

節年經徵錢粮報銷。

撥護赴藏官兵借支行裝等項銀兩數目。四年四月初三日。

各省支給過文武職廉俸數目。

杜語、駕題估、却是原估經部駁令於報銷冊内更正、逆核減請銷合為一本以其請銷為重稟察核。董。

額銷鹽引、數目在前、官負在後、用此式、

撥解打箭爐臺費支給運脚銀兩數目、雖有請動支字様、不票議奏、

給過災賑粮石、

支給孤貧口粮數目、

報銷支過織造俸廪銀兩、

場屋動用銀兩、

川省老病功加人員給過半餉銀兩題核、

盛京報銷修理船隻並支次年應用銀兩、

菏澤縣修理。先賢冉子祠宇用過銀兩遵駁更正請銷、九年二月十三日、

云估銷同本。常有〻課〇
云尋蕩修理祠宇便可。

盛京用過各色顏料銀兩。

盛京用過秫稭銀兩。 八年正月二十六日。 惟用過紙張銀數票知道。

巴里坤各屯站馬牛倒斃各數報銷。

用過銀兩照例銷四賠六 十四年〇月南河工程一本全賠。亦票察核。

辦解各項用過銀兩細數

賞過兵丁紅白銀兩。

兩淮節年壓徵鹽課銀兩已未完數目。

鳳陽等州縣銷引未完各數

未完贓贖銀兩數目。 四年六月初六日 十年閏月十一日。

該部察核具奏

內稱銷引當年全完之
歷城縣之等二十○員請
議敘鼓勵、

議奏條內、部有逐行開列
職名之本、注云若銀数在前、
仍票察核、然則凡以銀数
為重者、俱以察核包議奏
也、奏銷已未完逐行開列互
明。

八年十二月竊贓逾貫一本
本尾附開議敘職名、未票
出、梁○○云此須添餘著句、
且本面亦須添附開句、不然
則似漏一條矣、二條相歧、

接徵餘租銀兩已未完各數、本內雖有接徵之○○等各職名題請部議、因有銀数在前、仍票察核、

道光九年二月十五日、長蘆塩政阿揚阿奏銷山東額引、與商課錢粮二本、內稱全完者請議敘鼓勵、未完者附參聽部議、與尋常有附參聽議無議敘云云者不同、似應於察核句下添餘著該部議奏云云易○○云不添為是、

各關短少稅銀、

徐州等府州廳衛錢糧奏銷、十年十月十七日○本後開列全完未完職名、票議奏、梁○○改察核、云此次年錢粮奏銷也、予云後有職名、與已未完分數、梁○○云有已未完更宜票察核、然則開列職名亦難為憑、前琴山云、凡有已未完数皆票察核之言是也。十五年十月二十五日、河督票河銀徵解不前一本開列職名甚詳、而銀数亦詳、亦票察核、

承追贓罰銀米完欠數目、

承追虧空銀兩已未完數目、

經徵河銀已未完各數

無虧入知道條、

保　此與軍械無對不同、此有無虧字、仍票察核、梁〇云雖無数目、其数目在冊内、仍票察核、

巳未完錢粮各數、

各營兵丁借支銀両巳未扣各数、　借支銀両数目、○十五年二月二十九日○陜替楊題、

漕粮巳未完數目、

江西節年地丁錢粮巳未完各數隨奏、　有奏銷、有隨奏、　八年　月

錦州等三城被水灾户領過賑卹各項銀米數目、　八年十月十六日、

蘇州府九年分未完漕項銀米初叅限滿各職名、　有銀数在前、仍票察核、

彙題兵丁馬匹實在數目、　通行事、

登答部駁各款、

盤查各属税秋倉存谷石等項無虧、　九年十一月初六日、代吴〇票、〇十二年二月二十八日藩司盤查通省米穀、貼黄内無数目、本内有

該部察核具奏

数目、貼黃有無虧字、仍票察核、

盤查司道庫銭粮、四年三月二十二日、

司道交代驛站銭粮、如本内聲明無支存数目、無從察核、只票知道。道光二年十二月十六日、

盤查各屬銭粮、

昭文縣經徵接徵九年分未完漕項銀米初叅限滿各職名、銀数在前、仍票察核、

南米全完并請将原叅各官開復、五十九年六月十八日。此與查議酌、

倉場題倉差監督報滿請敘、有銭粮数目。無数目、不請敘、票知道、

登答修理建造等項銀兩無從核減、

遵化等州縣供應○○○陵工員役俸餉各項銀兩題銷、易州薊州同。新設○○寺喇嘛銭粮同、

大約凡奏銷報銷須清出奏銷等字、

考成本条限須清出、

關稅皆一年滿宜為清出。本内有数目有日期宜酌量先後輕重分別察核知道、

○○修理米艇用過銀兩駁款覆銷、九年三月初七日。梁○○改、

部議以未將換下舊料估價駁令增估前督題覆無從增估部又駁又題覆碍難增估、

原用上三行登答云云式、

信豐等縣接徵餘租銀兩四条限滿已未完各數、原票漏接徵及限滿句梁○添九年三月初九日、

本内条接徵人員聽候部議柱語即詳条事以銀数在前仍以察核括之、

贛關稅務一年期滿徵銀數目、原票漏一年句因本内後有委解起程日期添用日期字梁○云票日期則宜票知道去之。九年三月初九日、

起解太平關稅銀節省水脚銀兩數目、内言全數已題報在案後帶及委解官員以節省水脚銀為重。十一年十一月一日、

甘省第六十九案軍需請銷、

本内有條件有数目因有軍需字舉可該之又有事由曰進勦逆回不欲用逆回字改為進勦回匪、

琴山改以甘省二字該之更渾妥此本陝督所題也。九年三月二十日

○○省○○工程用過銀兩遵駁聲覆、九年四月二十八日。文江。本

該部察議具奏

徽垣〻云次年奏銷上
年錢粮、不出年分。大
負罰俸、便加議奏、句各
官非降革不加議奏、

原估、部駁核減題覆、又駁聲覆承辦〻令胡〻棨、已病故、請部照例議減文江票議奏、徽垣〻改
察核、以議奏則仍須議覆察核則可由部核銷也、

臨海等縣三年分丁耗銀兩接催三叅限滿已未完數目、九年五月初四日、
非次年奏銷、故出年分、議處巡撫、故票接催、前經叅奏故出三叅、本内聲請題叅、未曾敘
明罰抵、故仍票察核、既票察核、故本内〻考成字不票出、

臨清州辦解甎堁用過銀兩報銷、二條原俱用数目字、梁〻芟去。此因有報銷
字、故数目字可去。九年七月初三日、

德州滿營用過火藥等銀報銷、

河南運河兩岸十三廳搶修各工用過銀兩報銷、原票運河等廳。九年七月初九日、

山東〻廳屬拆修閘工用過銀兩遵減題銷、。題估時核減、九年七月初九日〇二本東河題、
遵駁、〻款遵減、遵查、及聲覆〻銷等字、俱照本酌用、

商課錢粮天津奏銷、本内有除照例出具印結、隨同原冊、分送查核外字様、下用再查字
接入請敘。因有除外等字、原票議奏、梁〻云請敘乃帶及、乃本尾以

凡題估，多先奏又題者，此獨奏後即請銷。○十年十二月初四日

覆看時，祝○○改知道。○云起首報灾係奏，此為題本。初次以後如題應蠲緩分數無他開銷，則票議。酌奏有官吏等盤費、工食等項，則票察核，至用過奏銷，則應用

錢粮為重，改察核。又云凡有四柱冊者類此。○、本內並有盤查運庫字亦不重。○鹽政本、

○年分帶徵漕項銀米已未完數目、十年二月十六日，本內有補報初次年限考成等字，皆不出以票察核包之、

浙江乍浦營大修釣槓船隻用過銀兩數目、本首題估事，本內聲明已經分析詳奏，似毋庸另行估辦，今先将乍浦一項送核，與他本不同。

仁和等州縣被灾田畝請蠲緩銀米各數、十二年九月十四日

本內聲明被灾請蠲緩已題報在案，茲勘○明○各州縣被灾輕○重○分○數○，恩白云應票議奏。易○○云前經題報無須更議，內有數目，應票察核。

黃梅等縣勘明被灾頃畝分數、前題勘不成灾○縣，勘成灾黃梅等二十三州縣，茲又題成灾頃畝，內無銀米數目，有頃畝數目，余○○票知道，余以為應用察核，顏○○云應用議奏，牛○○以本尾有遲延職名，應票該部知道，餘著議奏，終用察核。○十五年四月十八日

丹徒縣渰浸田地減徵糧額驗蠲數目、漕督題、撫台題過奏部覆准豁于○年為始，本係按款驗分，仍有請豁字，顏○○李○○云應票議

該部察核具奏

寀核。〇十五年四月二十二日

奏。松盟以前已題過商票寀核

仁和等場田地歉收有分数字。應徵錢粮請緩。十六年四月十六日。票議奏。

該部察核具奏冊留覽、
在京各部院造冊奏銷錢粮、通本部本相似者、

該部察核具奏冊併發、
漕白二粮徵兊開行日期、儹運粮儲事、有冊、
淮安倉徵收數目、
浙江起運漕白等糧支過行月銀米、

盛京倉糧奏銷、十三年六月二十三日記、

各省造冊奏銷錢粮、

河南額徵裁停夫食併曠建銀兩、

杭州等屬運兊漕粮各數、

盛京户部盤查金銀庫、侍郎到任、○四年七月十八日、

倉場銷算錢粮及收完漕銀數目、二本、

織造錢粮用存實數

海關錢粮

海關盈餘、

海關毛紅盈餘、

盛京餘地租銀考成、

武職養廉銀兩、四年六月二十二日、

匠粮銀收放存剩實數、

辦理新疆等處紬緞等項節年報銷、

彙題起運漕白數目、

朋馬錢糧奏銷、

京倉糧斛數目奏銷、内開各倉監督姓名冊報。倉場題。十一年六月初二日、

盐課盈餘銀兩奏銷、十二年五月十八日、

該部察核具奏摺併發、

各省繕摺隨本奏銷錢粮、

該部察核具奏冊圖併發、

嘉慶二年分河道錢粮各數、四年七月十四日、

該部察核具奏餘著議奏、
報銷城垣運河動用地丁銀兩、

著交與總辦奏銷軍需之大臣察核具奏、

奏銷軍需、雍正五年〇〇〇欽定、

本内聲明例無明文、援案聽候部議、仍照常式、票法司核擬、

由輕改重、三法司核議、及議奏兩條下皆有此、以未奉部覆、仍票核擬、。與牛。。全酌、

三法司核擬具奏、八年十一月二十八日、盧占春等、傷死李小二等一本、絞犯二徒犯一、徒犯随本聲請留養、不票出、只票法司核擬、

斬絞凌遲重犯、

姦占良家婦女為妻之。。。比擬絞候、其父糾搶、搶後将以禮成婚、而其子竊行姦占、本應重科其父之罪、而姦情則罪在其子、是以比照强搶例、将其子擬絞候、、十年閏月二日、

因瘋傷死闘愛姐一家二命之。氏絞候、因瘋故擬絞候、絞候故不票速奏。十二年四月二十二日覆

應入情實絞犯劉月解審脱逃改擬絞決、十二年六月七日

該部核擬具奏、凡非死罪用此、。八年十二月初二日、傅袁氏悔過拒姦、擅殺死姦夫曺正幅擬流收贖、不票出、只票該部核擬、

流徒各犯

斬絞犯減等軍流徒、有專有附。、如部内已定擬減流者、票核議

具奏各式

原謀監斃將下手傷死。之絞犯杖流、

欲令改嫁致伊女。氏忿激自盡之。杖責等因、道光元年三月。、改票核擬。杖責罪甚票議奏、元年改票核擬。八年仍票議奏、

原毆傷輕致。因風身死之。杖流、

原毆傷非致命、致。舊瘡潰爛身死之。杖流、比因風例。八年十月、

十年三月三十日。衙役馬建禄恐嚇，致○○自戕一本。原擬徒，遵部駁改流。梁○○云：凡遵部駁改擬者，仍票核擬。與此二條似歧，再詳。○本面原寫遵駁改流云云，梁○○芟去，只與初擬者同。

流犯留養

補請留養。絞犯留養票三法司議奏。

該部核議具奏

軍流各犯分別減等准減不准減

彙題減等各犯　十年四月初九日。虞門票知道。梁○○改，以本内分別准不准，部内須另題也。

捐贖捐免之犯

原擬徒犯遵駁改流仍援赦減徒　軍犯在配傷人致○○因風身死之○○本，近邊改邊遠。

原擬發遣太重遵駁改徒

減流之案部内已定擬後題覆　票核議，如尚未定擬者票核擬。

定過流罪後請留養　原票議奏定過流罪後請留養。

已入秋審人犯補請留養　不得誤票三法司知道。秋審留養者票三法司知道，與此不同。二十五年五月二十三日。

緩決留養、

瘋愈留養、

已入秋審緩決絞犯補請留養、十年五月二十日。已定絞罪、查明應請留養者、票三法司議奏、與此須辨。十六年正月二十日斬絞候二犯補請留養周〻年。。定用該部核議式、與此不同。

緩決各犯請留養、

監犯瘋病全愈請矜釋承祀留養、舊票議奏、新改核議

因瘋殺死期遇貴之高老么永遠監禁、道光元年二月十六日

三法司核議具奏、

因瘋殺人永遠監禁、本內未出斬絞罪名。道光元年三月。應以二月所票該部為是。十年十一月二十四日吳。。本票該部核擬

聞拏自首之脫逃絞犯。。仍照原案問擬絞候、十年二月十三日

其母報首、與自首無異。前定絞候已奉部覆、事隔〻年、故不票核擬。拒姦斃命之犯、應入可矜故自首仍擬絞候、本內又敘聽候部覆、

三条、照年○○本添○、皆
已奏部覆者、

緩決絞犯脫逃入本年秋審情實、十年六月十六日恩白稟琴山謂應用秋審本例、稟三法司知道、予與恩白謂應稟法司議、以由輕改重也、梁○○云可、又云須查前定擬時曾經奏○○旨否、

越獄重犯即行正法、

斬絞重犯援免、

緩決人犯越獄脫逃改入情實、

該部察例具奏、

外國使臣在途病故、

具奏各式

三法司知道餘著核擬具奏、

重犯監斃戮屍等因、

此本乃淩遲重犯監斃仍著戮屍又有一二犯應斬絞者、

淩遲重犯張燕監斃戮屍等因、

張燕郗父自縊又有王成甫自縊其子王二味殘傷父屍㕛賴

他人、擬斬立決。十一年九月十三日票

祝。。云凡請戮屍、總係部覆到者方敢行刑、所以本及貼黃內、雖有除罪應淩遲之。。。監斃照例戮屍

外亦衆三法司知道句在前。業張燕本、々內平敘貼黃內有除張燕照例戮屍外云云。

五十八年奉
旨嗣後本内遇有外省災荒蠲緩銀兩在三百兩以上者、仍照舊票速議、其三百兩以下者、祇需票擬該部議奏、此次即遵照辦理、再此後遇有蠲免應免銀在三百兩以上者、並於本内加一説帖聲敘事由、欽此、

該部速議具奏、八年十一月二十四日、江淮等屬水旱情形本内分別請賑請緩只票議奏、

被災請賑、加具説帖

説帖　查向例各省災賑本章、臣等量其緩急分別票簽、本年山西代州等處被水成災、業經該撫奏報、奉。恩旨蠲緩賑恤、欽遵在案、今據該撫將代州等州縣、按照成災分數分別加賑各事宜具。題前來、臣等查係急須辦理之件、是以票擬該部速議具奏簽進。呈、理合聲明謹。奏、

危險工程、

安插流民、

出兵借支銀兩

因瘋傷死一家二命、則例應絞候、不票速奏、以非未便稽誅例也。十二年四月二十二日記

三法司核擬速奏、

殺死一家二命、加具說帖。近不加說帖、

說帖　查向例、各省題本內毆死一家二命問擬絞決之案、臣等俱票擬三法司核擬速奏簽、今此本內四川省民人唐道宣、殺胞兄唐道盛並伊嫂覃氏二命、該督將唐道宣依謀殺期親尊長律問擬淩遲具題前來、臣等查該犯連斃兄嫂二命、兇殘已極、未便稽誅、是以仍照毆死一家二命之例票擬速奏簽進。呈理合聲明謹。奏、

說帖　查向例各省題本內、毆死一家二命問擬絞決之案、臣等俱票擬三法司核擬速奏簽、今此本內、廣東民人邓直邦、用藥迷竊致曾宇堯曾

守祥受毒身死、該撫將邓直邦强盜殺人例問擬斬決梟示、具題前

來。臣等查該犯迷竊得財、毒死事主二命、兇殘已極、未便稽誅、是

以照毆死一家二命之例、票擬速奏簽進。呈、理合聲明。謹。奏

二條皆比照較絞決之例加重
新式不用說帖

殺死非一家者三命、

故殺死胞兄姪二命、

亦票速奏。○十二年二月三日、故殺死胞兄胞姪二命、仍專科故殺胞兄凌
遲罪、不票速奏、以故殺胞姪只流罪也

吏部知道餘著議奏、

文官丁憂病故附參不取結

直隸故城令朱述曾丁憂并自行檢舉聽部核議、後二句易○○添、

本內稱該員生母于氏庶母陸氏前報丁慈母陸氏憂時生母于氏尚在、與例不合、復於報丁及起服文結并未聲敘生母于氏尤屬疎畧、今報丁生母憂、並自行檢舉、似無規避應請准其丁憂仍行查上元原籍有無揑飾等因、牛○○云此一人一事、用餘字無著、又不可單票知道陳三兄云、本內未請參罰、應票知道其次則票吏部議奏一句亦可、祝○○云单票知道一句、必不可、或票吏部議奏一句、以前事固須議、即行查有無揑飾亦須議也、或票吏部知道餘著議處具奏亦可、然稍重矣、若票餘著議奏、餘字終少著落、然亦可、易○○云宜票吏部議奏、加一說帖聲明所以改票之故、易文江云餘著議奏儘可、不必加說帖、遂用此式○、十一年九月十六日進、

附參

該部議奏其查報遲延之○○○○著議處具奏該部知道、

續報被灾附參查報遲延、

該部察核具奏餘著議奏冊併發。

地丁錢粮奏銷衞守備革職附恭。

四年七月十四日陳大文本知縣革職照此

三法司核擬具奏。其不能先事防範。致監犯越獄脱逃之典史王應瑞著革職。餘著議奏。該部知道。

傷死伊妻。越獄脱逃被獲之。絞候等因。元年六月十日。

三法司知道。其不能先事防範。致絞犯在監自盡之典史焦遇春。著革職。餘著議處具奏。該部知道。

絞犯在監自盡典史革職知縣議處。道光七年三月十三日

附參

該部知道餘著察議具奏

遣犯在監自盡附參獄官聽部議

三法司知道餘著該部議奏

斬絞犯在監病故附參獄官

提禁脫逃被獲之。處決決巳等因。附參救火不力。

三法司核擬具奏餘著議奏該部知道

承審官於旁証罪名失出附參

十年三月三十日擬流一本本尾附參失察衙役滋事釀命職名用此式

梁。云失察衙役釀命處分重須出。本皮亦出。大約附係附參有出有不出。在審輕重分別三法司核擬具奏。。著革職嚴加議處該部知道。

法司本尾附參官員。

三法司核擬具奏餘著該部議奏。

法司本尾附參官員。

或票三法司核擬具奏。。著革職嚴加議處該部知道。

三法司核擬具奏餘著議處具奏

本尾有開復職名故加一句。似應用餘著該部議奏

中途脫逃之絞犯唐二秋審應入情實等因。

唐二原犯絞罪應入緩決未經題覆本內聲明因逃脫入情實秋審時照例辦理。

附参

刑部本內，羞忿自盡之節婦附請旌表，不票出，如有應否等字則票出。○十四年七月初七日顏〇〇云。

兵部知道，餘著議奏。

武職丁憂病故隨題應補人員。

三法司核擬具奏，餘著該部議奏。　十五年六月初七日進一本，犯人杖流，辱罵致劉氏自盡，本婦附請旌，未票出，只票該部核擬。

拏獲鄰境盜犯請量加鼓勵

三法司知道，餘著該部議奏。

犯人監斃本婦請旌。　十五年六月初六日聞吳〇〇說。

三法司核擬具奏餘著該部議奏

竊贓逾貫之王老絞候附開議敘職名

本内聲明王老請援〇〇恩釋免，不票出。八年十二月十五日。梁〇〇添次句。

十年二月十三日，盜案本尾附請議敘職名用此式。易〇〇、琴山皆云，今惟請引〇〇見者方票出，將次句芟去。本後如有開復職名，當不可畧。

該部察議具奏、

到任交代遲延違限不及四月、

押運遲延渡淮黃違限不及十日、

下幅有議奏式、
勤職等員俱留任、無庸
送部引○○見、
十三年二月廿六日直督一本
與此同、○○照知道、易○○云
本内無舉劾條目、專聲明
不及数緣由、彙題者、票
知道、此有舉荐留任叅劾
已及数、應票議奏、乃改
議奏、

例　保叅

該部知道、文

彙題教職等官甄别。本尾聲明叅劾不及数緣由。　教職等第、

奉○○旨保舉引○○見、

十二年四月二十二日、覆看教官甄别一本ㄝ内無彙題字、有六年俸滿字、似宜照下議奏式票擬、然共三十餘員、有業經保荐二員、又勤職者○○員、稱職者○員、循分供職者○員、又有未及俸滿勒休六員、告休一員、業經分别辦理、本尾又聲敘除將留任各員履歴送部外、所有勒休各員已及額数、是以及額為主、餘亦無可議者、乃改票知道、

○○○等著議處具奏該部知道

踈防

踈防獲犯尚未及半　獲犯及半未獲首犯

失察私塩　承緝追不力　經徵不力　僉差不慎

檢驗不實

老病勒休　有議處字樣無則票議奏

押運遲延渡淮黄違限過十日　十日以内票察核議

該部議奏

俸滿保薦、　邊俸期滿保題、　六年俸滿教職甄別、

踈防獲盜過半、　及過半兼獲首犯、　踈防、公出首員卸事、

踈防首員革職病故有前任字、　踈防補叅、限內外全獲補叅未協緝之員、限內獲犯過半補叅踈防各員、

外洋踈防聲請文職可否免議、

踈防兼獲首犯首犯係他人捕得、

踈防鄰省全獲、　土司踈防、　踈防首員武舉馬兵、

印官改教、　預保官弁、

十年七月十四日、梁前輩又云、凡有已未完者、票察核、陳琴山亦云然、俟再閱

老病勒休、無議處字有則票議處具奏、該部知道、

未完盐引錢粮盐課各職名、本内逐行開列職名。如銀数在前仍票察核、

漕項錢粮完欠不符職名、不票察核、

南河河銀已未完分數考成、本後開列職名。九年十一月初一日票、

武職休致有兵部議奏、及議處具奏該部知道與此共三條酌用十五年五月二十九日湖南守備徐怒年衰技庸難期振作照例勒休一本照此票牛。改兵部議奏、予云不如勒休與本合答云究無平常字我等稍寬何如從之、

兵部議奏、　武

武弁勒休、有老病字無平常字又非雲貴川廣。告休告病請養仝此簽、

浙江。。守備告病休。三年軍政照例勒休、九年九月初八日、

江西武寧營都司張振告病查閱營伍三年照例勒休、本内尾稱該員曾經。。可否給俸、候定亦祇用此式。十年五月二十日、

。。著勒令休致該部知道、

。。非雲貴川廣武職老病勒休　有弓馬平常字。按此亦必有議處字、如無則應票、該兵部議奏、須與上下條對看、

雲貴川廣武職勒休　有老病字、有平常字。。無平常字、有生疎字、或並無生疎字、俱用此式。本面寓明查履歷、查履歷係滿票簽事、本面寓出。查有出兵等功績、如老病等員是也、如無可查者、可不必用此三字、

例
保参

無議處有平常、只票
議奏

該部議奏、

預保、

年逾六旬之○○○○請保留、

○考驗新推守備弓馬平常請勒休、

此弓馬平常、只票議奏可知前勒令休致係必有議
處字樣也。兵部議奏條下有勒休者與此同、酌票

○○○等著議處具奏該部知道、

疎防　外洋疎防聲明文職例得免議專叅武員、

踈防首貟武舉馬兵、

武職勒休有議處字 但有平常字者須酌、

該部查議具奏。叅案開復票議奏。降罰銀兩完繳開復票議奏、易○○云降罰銀兩不比錢粮也、

未完各項錢粮業已豁免之經徵各官請開復。

續完各項錢粮官員請開復。

運弁違限業已全完請開復。

泗州節年未完盐引補銷全完原叅請開復。十年二月二十三日福森本。

十二年正月二十五日趙。
閱借盧本誤票查議
琴山改

三法司核擬具奏餘著該部議奏

傷死緦麻服叔陳亞彝之陳亞祥脫逃其父拿獲自首、仍擬斬候、僉

差不慎之縣令孔傳習保淳原叅降一級留任處分請開復、十一年十一月十一日 易。定、

該部議奏

叅案、借支養廉、銀兩。降俸完解開復 不票查議。道光七年五月二十三日、江西瑞昌令養廉一本

彌勒縣續完編俸銀兩原議各職名請開復、十年九月初四日、

因事降級留任之湯溪令楊 失察誦経習教 書三年無過請開復、

特叅　專請

這所叅諱竊縱賊之陳大春著革職該部知道。

○○令○○諱竊縱賊叅革。嘉慶二年江西張撫特叅一本。以後革職人員俱出事由

這所叅私放兇犯之吴紹璘革職拏問。其有無賄縱情弊著該督嚴審定擬具奏該部知道。

○○令吴紹璘叅革。六年六月。

這所叅吴川縣知縣朱振聲著革職留任緝拏。管獄官典史胡○○著革職拏問交該督提同禁役人等嚴訊有無賄縱情弊照例辦理。該部知道。

式内簽上不出官牛〇〇云應
出官名。
花〇〇改該部議奏。似未合。易
名本有世職斥革議奏式想情

吳川令朱振聲叅革等因、十年　月、

這所叅桑龍崗著革去武進士、其指官撞騙情由及案内有名人証著該
撫一併審擬具奏該部知道、

指官撞騙之武進士桑〇〇叅革。

這所叅扛幫唆訟之王鶴著革去舉人、同案内有名人証一併嚴審定擬
具奏該部知道、

扛幫唆訟之舉人王鶴叅革、七年九月二十四日、

外省題叅官員及舉人武舉等革職嚴審者須票出革職革去舉人字樣。〇增注。

這所叅不遵約束之雲騎尉世職陳〇奎著斥革。十二年二月十六日 阮制台本。

節不同、

該部核擬具奏三法司知道、
應追官項限滿未完之○○已革○○令○○奏擬斬候、所以出法司、照例監追再勒
限一年核辦、所以票部擬。十七年十一月與滿票簽酌定

通本隨記

起解日期解銀數目本內全有分別察核知道

題估經駁再估常有之至估銀已經將銀數奏明准動支矣再題

仍票議奏

抄没銀兩彙題亦票察核　十年閏月

向式此服制本不出限外。

魏。。回信云各省辦理不同不得增。

卿議更為寬典耶、

部本記疑、十年四月二十二日、

周前輩票傷死服親限外一本簽內出保辜限外 詳前

顧。。票婦被夫毆誤傷伊夫身死一本、本內無夾簽並無請旨字、詳前

卿議條誤傷父母不致死ヒ由其妻劃傷本不夾簽、成甫先生記此等例不夾簽。十年閏月二十七日記、

卿議條誤傷父母平復本內不夾簽、

卿議條誤傷父母本輕後因病死夾簽、

改斬候條誤傷父母致死本夾簽、

誤傷不致死下卿議誤傷致死改候何也、

竊贓逾貫一本首犯伍妹子絞候從犯老涂子病故無庸議本尾又云

部本記疑

老涂子在監患病、醫治病痊與上不符、擬撤易。。云痊後又病死也、此只為扣限一月言也、可以不撤、十二年二月十八日、

戶合吏處分大貟慶善一本初叅時、部議行查離任月日、至二叅時查到、係二叅限內卸事、部議將慶善於補官日罰俸一年、又聲敘初叅查卸事日期、前已即揩此本罰俸一年核議、毋庸再議奚。。以毋庸句未票慶善處分、祝。。改塗滋出三年六月七日記

共謀為竊臨時畏懼不行而行者、為强盜。此例文也、祝。。云此為字當作字解、做强盜也、非以强盜論之為字也、牛。。覆本、一本稱。。共

謀為竊而行者為强盜，遺去臨時畏懼不行句，牛。以為竊，何遂為盜，語不分析，撤之，刑部將撤帖批回致辯，以未說中其引例遺漏之誤，彼得以例文為靠也十三年六月初七日記

疑似

減等、留養、應單説雙説常式也、而亦有依議者、

升降文武、知縣守備以上出名常式也、而照例革退大計舉劾者、則依議

此皆須辨、

題署委署之分、原情留養原減留養分別票擬、

雙、改單用雙簽第一、
簽、式不用單簽式、事
同一案、若同罪異罰、
兵部河替、皆得覆奏、
是以將前旨聲明變、
例寫簽、
成爾○云、仍用雙簽、以
為後辦地、亦可說帖中
須聲明前兵部具題
將前任○○○、議以降一級
調用、奉○○旨依議、欽此、
在案、合併聲明、謹奏

姜長齡著銷去隨帶加一級免其降級餘依議、

失察營兵聚賭毆官之江南狼山鎮總兵姜長齡等議處　片一說帖

說帖　查本内議以降一級調用之江南狼山鎮標左營守備署掘港

營都司孫萬清係級紀准抵之案向票雙簽再查此案前於四月二

十四日兵部具○題將前任掘港營都司俞大銓議以降一級調用

奉○○旨依議欽此是以臣等於孫萬清一員亦不添票送部引見簽

見字應抬向於說帖中不抬寫　理合聲明謹○奏、已載入兵部單說條下、

○○○著從寬免死俟二年後再行減流、

起例

○犯侯監禁二年後減流、此成背。。擬籤未用、○已載前減等監侯二條下

此案。。。○○○或婦案從重、或另案審擬、本內或奉。。旨、或緊要情節、必不可畧而又無成式者、須起例揚。。云、每年此等本有。次要照本妥擬無定式也（載前婦案另案條下）

唐南依擬應斬著監侯秋後處決餘依議

唐南著從寬免死減等發落仍例枷責准留養親餘依議　十年六月廿五日、同。。票、易。。定、又載前留養條

查本內唐南因伊母姜氏被緦服兄唐新東揪按拳毆並側坐身上搭住咽喉、該犯情急趕救用鈀柄嚇毆、適傷唐新東顖門殞命、刑部將唐南問擬斬候、聲明救親情切、減軍、請。。旨、並查係孀婦獨子、照例聲請留養、臣等核其情節、與救親情切、並聲請留養之例相符、是以照擬票寫雙簽進。呈伏候。。欽定

部本尾審限聲敘不清者、撤、

速奏本、本尾會議各衙門並未逾限等語、十年十一月十五已撤復留、

斬絞決本本尾無馬上飛遞者撤、

四月二十六日　十年

戶部浙江錢粮考成本藩司慶善罰俸六個月、前任巡撫劉彬士已內

補光禄寺卿、本内稱劉現以三四品京堂候補不合、撤改、

五月二十日

戶部本署直督王鼎題本後復列王鼎銜撤　祝○○看、

撤本

十三年七月二十四、冊諡廿三日不進刑本、廿二日刑本内有斬决二本、二十四日應覆奏、批本處不敢進、　曺○○查問誤進職名○以後應於不進法司本之日之前二日預撤决本、

易○○囑供事記之、

知道了

批解戶部盐課銀兩、十一年六月初四日。十四年六月改。原票察核

向來索倫進貢貂皮挑驗其及等第者照例賞賜其有不及等第者念其既已足數酌量減半賞賜近年來所進貂皮俱不及等第聞該索倫等將上等貂皮帶至京師私售既多獲價值仍得減等賞項殊不足以昭勸懲此次貂皮足數著免其處分不及等第者著毋庸減半賞給此皆將軍特依順保辦理不善現已調任著新任將軍松寧到任後嚴行查

叅如有前項私行售賣以下等皮張充數情弊即行嚴叅治罪毋稍

寬縱
二十三年十一月初六日。。。改簽

改簽　改揭改飭

榮研堂

原票、

改、

該部察覈具奏、這本內於應行雙抬字樣書寫三抬、不合、著飭行、 原票簽

該部察覈具奏、這本內已將題字單抬書寫、於應行雙抬字樣、又高題

字二格、竟成三抬、殊屬不合、著飭行、

皇上字高題字二格、 揭飭 道光十一年九月十二日出科、 祝○○云、

皇上二字不應寫雙抬字樣、又三抬字不宜用、所以改、今恭繹改[illegible]、仍用三抬字樣、字似為原票

未詳明而改、非為三抬字也、

該部察核具奏、冊併發、這本內於三抬字樣並行書寫、不合、著飭行 道光十一年八月廿六

吳光悅具題李日青毆傷李季明身死一案、著三法司核擬具奏、其帖黃內誤將

業經傷死之李季明擬絞、實屬舛錯太甚、吳光悅著交部議處 道光十一年九月初六日

該部察核具奏、這本內已將題字單抬書寫、於應行雙抬字樣、又高題字二格、竟

成三抬殊屬不合著飭行

道光十一年九月初十日

查本内議以降一級調用之江南狼山鎮標左營守備署掘港營都
司孫萬清係級紀准抵之案向票駁簽再查此案前於四月二十四日兵
部具題將前任掘港營都司俞大銓議以降一級調用奉旨依議欽此是
以臣等於孫萬清一員亦不添票送部引見簽理合聲明謹奏

記童○○為改一簽，亦因遺漏大貟出以○，於戶會吏等本留心，冊等吏部单題之本未留心也

記誤

十三年七月二十八日，吏部題湖北紳民捐修貢院議敘一本，內江西按察使程懷璟忘為出名，只票依議。祝○○改，

十五年八月初二日，兵部調補叅將一本，本面誤寫刑字。工部減銷一本，簽內冊併發誤寫单。刑部題河南捻匪搶奪路行婦女為從之潘三林擬絞一本，本內二条，一案熊金富妻汪氏、鄭廣中妻蕭氏一案，陳大魁妻張氏尚有搶販賣婦女之案，除去不計。貼黃內只出汪蕭二人之案，未出張氏一案，不令添改。上三條俱祝○○改正。前曾以先出原情等語，後出名分位闕擬斬，以致誤票，奴以架格傷死主人一本，經易○○改，仍不經心，致多疎忽何也。